1

La gestion de la paie, élément essentiel de toute organisation, est bien plus qu'une simple opération administrative. Elle incarne le lien tangible entre une entreprise et ses employés, reflétant la promesse tenue de rémunération pour le travail fourni. Dans un monde en constante évolution où les réglementations fiscales et sociales se complexifient et évoluent sans relâche, maîtriser les nuances de la gestion de la paie devient un impératif pour toute personne impliquée dans les ressources humaines, la comptabilité ou la direction d'entreprise.

Les responsabilités associées à la gestion de la paie vont bien au-delà du simple calcul des salaires. Entre les cotisations sociales, les avantages en nature, les congés payés et les diverses retenues, les professionnels de la paie doivent jongler avec un éventail complexe d'éléments pour s'assurer que les employés sont justement rémunérés et que toutes les obligations légales sont respectées (Déclarations sociales et fiscale, déclaration d'embauches, rédactions des documents administratifs...). Cette tâche, bien que fastidieuse, est fondamentale pour maintenir la satisfaction des employés, la conformité légale et la stabilité financière de l'entreprise.

Cet ouvrage, "Bien débuter dans la gestion de la paie", s'adresse à ceux qui souhaitent acquérir une compréhension solide des principes fondamentaux de la gestion de la paie. Que vous soyez en formation de gestionnaire de paie, un nouvel arrivant dans le domaine des ressources humaines, un comptable cherchant à élargir ses compétences ou un chef d'entreprise désireux de mieux appréhender les rouages de la rémunération, ce livre se veut être votre guide essentiel.

La gestion de la paie est avant tout un travail de collecte et de traitement des données liées à l'activité du salarié telles que les éléments variables de paie comme les heures supplémentaires et complémentaires, les majorations de nuit et des jours fériés, traiter les absences (CP, maladies, AT...) le planning des salariés, tout cela en respectant les règles légales et conventionnelles ainsi que le respect des délais de traitement, de virement des salaires et des déclarations sociales et fiscales.

La gestion de la paie englobe toutes les tâches sociales liées à l'embauche d'un salarié : élaboration des bulletins de paie, rédaction des contrats de travail, établissement des déclarations sociales ou encore établissement des documents liés à la rupture d'un contrat de travail.

Au fil des chapitres, nous explorerons les bases de la gestion de la paie, en démystifiant les termes techniques, en décomposant les processus.

Table des matières

Partie 1 : Le salaire et les primes

Le salaire

Le salaire est une rémunération versée par un employeur à un employé en échange d'un temps de travail. Il s'agit d'une composante essentielle du contrat de travail entre l'employeur et l'employé. Le salaire peut être exprimé sous forme de montant horaire, hebdomadaire, mensuel ou annuel, en fonction des conventions collectives, des accords contractuels et des pratiques en vigueur dans l'entreprise ou dans le secteur d'activité.

Le salaire peut être constitué de divers éléments, tels que le salaire de base, les primes, les avantages en nature, les indemnités, les heures supplémentaires, les commissions, les bonus, et d'autres formes de rémunération liées à la performance ou à des circonstances spécifiques. Le montant du salaire est souvent déterminé en fonction du poste occupé, des compétences de l'employé, de son expérience, ainsi que des conditions du marché du travail et de la politique de rémunération de l'entreprise.

Outre son aspect financier, le salaire joue également un rôle important dans la motivation des employés, la reconnaissance de leur contribution et le maintien d'un équilibre entre le travail et la vie personnelle.

Le salaire de base est fixé librement entre l'employeur et le salarié, soit par le contrat de travail, soit par décision de l'employeur (usages, directives, barème d'entreprise, notes d'information...) sous réserve du respect de certaines règles légales et conventionnelles.

Selon le code du travail dans l'art. L. 3221-3 « *Constitue une rémunération ..., le salaire ou traitement ordinaire de base ou minimum et tous les avantages et accessoire payés, directement ou indirectement, en espèces ou en nature, par l'employeur au salarié en raison de l'emploi de ce dernier* »

Selon le code de la sécurité sociale dans l'art. L. 242-1 « *... sont considérées comme rémunérations toutes les sommes versées aux travailleurs en contrepartie ou à l'occasion du* *travail, notamment les salaires ou gains, les indemnités de congés payés, le montant des retenues pour cotisations ouvrières, les indemnités, primes, gratifications et tous autres avantages en argent, les avantages en nature, ainsi que les sommes perçues directement ou par l'entreprise d'un tiers à titre de pourboire ... »*

D'après ces deux définitions, nous pouvons dire que le salaire brut comprend l'ensemble des sommes convenues et des avantages accordés par l'employeur : salaire de base, les avantages en nature, les primes et gratifications, les pourboires, ainsi que des majorations qui prévues par la loi ou les accords collectifs comme les majorations pour heures supplémentaires, travail de nuit, du dimanche, jour férié, travail salissant ou pénible....

Il ne comprend pas les remboursements de frais professionnels, les indemnités présentant le caractère de dommages-intérêts (telle l'indemnité de licenciement), ni les sommes versées au titre de l'intéressement ou de la participation.

Composition du salaire brute

Salaire de base
+
Accessoires du salaire (avantages en nature, primes…)
+
Majoration de nuit, dimanche, jours férié…
+
Heures supplémentaires et heures complémentaires

Plusieurs points doivent être respectés dans la détermination du salaire :

• Les règles relatives au SMIC, tout salarié dont la durée de travail est au moins égale à la durée légale hebdomadaire, perçoit une rémunération au moins égale au SMIC (SMIC horaire en mai 2023 est de 11.52€) ;

• Les règles relatives à la mensualisation ;

• Les salaires minimaux et les éléments de rémunération prévus par les conventions ou accords collectifs applicables, ou l'usage éventuellement en vigueur dans l'entreprise ;

• Le principe d'égalité de rémunération entre femmes et hommes ;

• La non-discrimination (notamment syndicale).

Le bulletin de paie

L'employeur doit remettre un bulletin de paie (ou bulletin de salaire) au salarié, soit en format dématérialisé (art. L.3243-2 du code du travail) soit au format papier. Le document doit comporter diverses mentions obligatoires. Et certaines mentions sont interdites comme les mentions sur l'exercice du droit de grève, ni des fonctions de représentant du personnel.

Si l'employeur ne le remet pas régulièrement, il peut être condamné à des dommages-intérêts et à une amende pénale.

L'employeur est tenu de conserver un double du bulletin de salaire (sous forme papier ou électronique) pendant au moins 5 ans, qui est un délai légal minimal (art. L.3243-4 du code tra).

Il doit mentionner les éléments suivants (code du travail art 3241-1 à 3243-5) :

- Nom et adresse de l'employeur, ainsi que le cas échéant la désignation de l'établissement dont dépend le salarié

- Numéro de la nomenclature d'activité de l'établissement d'emploi (code APE ou code NAF) et numéro d'inscription de l'employeur au répertoire national des entreprises et des établissements (numéro Siret)

- Convention collective de branche applicable au salarié ou, à défaut, référence au code du travail concernant la durée des congés payés et des délais de préavis en cas de cessation de la relation de travail

- Nom et emploi du salarié, sa position dans la classification conventionnelle (le niveau ou le coefficient hiérarchique)

- Période et nombre d'heures de travail en distinguant les heures au taux normal et les heures supplémentaires (en mentionnant les taux appliqués aux heures correspondantes)

- Nature et volume du forfait auquel se rapporte le salaire des salariés au forfait (forfait hebdomadaire ou mensuel en heures, ou forfait annuel en heures ou en jours)

- Nature de la base de calcul du salaire lorsque, par exception, cette base de calcul n'est pas la durée du travail,

- Nature et montant des accessoires de salaire soumis aux cotisations salariales et patronales

- Rémunération brute du salarié

- Montant et assiette des cotisations et contributions sociales à la charge de l'employeur et du salarié avant déduction des exonérations et exemptions

- Taux des cotisations et contributions sociales à la charge du salarié avant déduction des exonérations et exemptions

- Nature et montant des autres versements et retenues (notamment prise en charge des frais de transport domicile-travail)

- Montant effectivement reçu par le salarié,

- Depuis le 01 juillet 2023, le montant net social est devenu une mention obligatoire dans le bulletin de paie.

- Date de paiement

- Dates de congé et montant de l'indemnité de congés payés, lorsqu'une période de congé annuel est comprise dans la période de paie considérée

- Montant des cotisations de protection sociale réunies au sein de 5 rubriques : maladie, accidents du travail et maladies professionnelles, retraite, famille et chômage

- Montant total des exonérations et exemptions de cotisations et contributions sociales

- Montant total versé par l'employeur (rémunération brute versée au salarié, cotisations et contributions à la charge de l'employeur, déduction faite des exonérations et allégements de charges sociales)

- Mention de la rubrique dédiée au bulletin de paie sur le portail www.service-public.fr

- Mention incitant le salarié à conserver le bulletin de paie sans limitation de durée

La nature et le montant de la rémunération liée à l'activité de représentant du personnel doivent figurer sur une fiche annexée au bulletin de paie. C'est à l'employeur de l'établir et de la fournir au salarié.

Avantages en nature

Les avantages en nature constituent un élément du salaire qui s'ajoute à la rémunération en espèce pour l'application du droit du travail (art. L.3221-3 du code du trav).

Il s'agit le plus souvent de la fourniture de nourriture ou de la mise à disposition d'un véhicule ou d'un logement de fonction.

Leur prise en compte comme élément de salaire permet de :

• Contrôler le respect du Smic (art, D 3231-3 du code du trav) ou du salaire minimum conventionnel,

• Déterminer l'indemnité à verser au salarié au cours de ses congés payés,

• Déterminer l'indemnité compensatrice de préavis, l'indemnité de licenciement et d'autre primes liées à la rémunération ;

• Déterminer le montant des cotisations sociales (cotisations de sécurité sociale, CSG et CRDS),

• Déterminer le montant des revenus à déclarer pour le calcul de l'impôt sur le revenu.

La différence entre avantages en nature et frais professionnels

• Les frais professionnels sont des dépenses faites par le salarié qui lui sont ensuite remboursées par l'employeur. Les avantages en nature sont des prestations fournies par l'employeur au salarié.

Frais professionnels et avantages en nature ne sont pas pris en compte de la même manière en termes de rémunération et en matière de prélèvements sociaux.

Frais ou avantage	Caractéristiques	Exemples	Intégré à la rémunération ?	Soumis aux cotisations sociales, CSG et CRDS
Frais professionnels	Ce sont des frais engagés par le salarié pour des besoins professionnels et qui lui sont remboursées par l'employeur	Frais de restauration Frais de déplacement Frais vestimentaires Frais de documentation	Non	Non
Avantages en nature	C'est des avantages mis par l'employeur à la disposition du salarié, soit gratuitement, soit moyennant une participation du salarié inférieure à leur valeur réelle	Voiture de fonction Ordinateur portable - Logement de fonction Titres restaurants	Oui	Oui (sauf réglementation particulière)

Le salarié peut être entièrement rémunéré en avantages en nature comme par exemple une jeune fille au pair.

L'avantage en nature est dans le salaire brut en positif pour être soumis aux cotisations et il est déduit du même montant en bas du salaire (Pour ne pas payer double).

Primes et gratifications

Les primes et les gratifications viennent en complément du salaire et leur versement est obligatoire s'il est prévu par le contrat de travail, un accord collectif, un usage dans l'entreprise ou un engagement unilatéral de l'employeur.

Ces sommes constituent un élément du salaire parmi lesquelles notamment :

• Les primes et gratifications annuelles (primes de fin d'année, de 13e mois, de vacances, de bilan, de participation, etc.),

• Les primes relatives au rattrapage du coût de la vie (primes de vie chère, primes de productivité, etc.),

• Les primes relatives aux qualités personnelles (primes d'assiduité, de ponctualité, d'ancienneté, etc.),

• Les primes relatives à certaines conditions de travail (primes de pénibilité, primes pour travaux dangereux et insalubres, primes d'astreinte, etc.).

Les primes et gratifications ne constituent pas un élément du salaire si elles ne sont pas obligatoires. Tel est le cas, par exemple, d'une prime de résultats ou d'un bonus au montant variable à la discrétion de l'employeur.

Le mode de paiement du salaire

• Le salaire doit obligatoirement être payé par chèque ou virement bancaire ou postal lorsque son montant excède 1 500 € net par mois.

• Si la somme due est inférieure ou égale à ce montant, le salarié peut demander à être payé en espèces.

Le salaire peut également être payé au moyen de dispositifs particuliers : chèque emploi-service universel ou chèque-emploi associatif.

Salaire de base
+ avantages en nature
+ primes
+ HS/HC
+ différentes majorations

= **Salaire brute**
-Cotisations salariales
-Avantages en nature
-PAS

= **Salaire net à payer**
+CSG/CRDS non déductible
+ avantages en nature

=**Salaire imposable**

Arrêté du 31 janvier 2023 modifiant l'arrêté du 25 février 2016 fixant les libellés, l'ordre et le regroupement des informations figurant sur le bulletin de paie mentionnées à l'article R. 3243-2 du code du travail.

MONTANT BRUT			Valeur	
COTISATIONS ET CONTRIBUTIONS SOCIALES OBLIGATOIRES	Base	Taux	Salarié	Employeur
Santé				
Sécurité Sociale Maladie Maternité Invalidité Décès	Valeur	Valeur	Valeur	Valeur
Complémentaire garanties frais de santé obligatoire	Valeur	Valeur	Valeur	Valeur
Accidents du travail & maladies professionnelles	Valeur	.	.	Valeur
Retraite				
Sécurité Sociale Vieillesse plafonnée	Valeur	Valeur	Valeur	Valeur
Sécurité Sociale Vieillesse déplafonnée	Valeur	Valeur	Valeur	Valeur
Retraite complémentaire, CEG et CET T1	Valeur	Valeur	Valeur	Valeur
Retraite complémentaire, CEG et CET T2	Valeur	Valeur	Valeur	Valeur
Famille	Valeur	.	.	Valeur
Assurance chômage	Valeur	Valeur	Valeur	Valeur
Apec	Valeur	Valeur	Valeur	Valeur
Autres charges dues par l'employeur	.	.	.	Valeur
Cotisations statutaires ou prévues par la convention collective	Valeur	Valeur	Valeur	Valeur
CSG déductible de l'impôt sur le revenu	Valeur	Valeur	Valeur	.
CSG/CRDS non déductible de l'impôt sur le revenu	Valeur	Valeur	Valeur	.

MONTANT BRUT	Valeur			
CSG/CRDS sur les revenus non imposables	Valeur	Valeur	Valeur	
TOTAL DES COTISATIONS ET CONTRIBUTIONS OBLIGATOIRES			Valeur	Valeur
EXONÉRATIONS ET ALLÉGEMENTS DE COTISATIONS			Valeur	Valeur
COTISATIONS ET CONTRIBUTIONS SOCIALES FACULTATIVES	Base	Taux	Salarié	Employeur
Prévoyance, Incapacité, Invalidité, Décès, Autres	Valeur	Valeur	Valeur	Valeur
Retraite supplémentaire	Valeur	Valeur	Valeur	Valeur
MONTANT NET SOCIAL			Valeur	
REMBOURSEMENTS ET DÉDUCTIONS DIVERSES	Base	Taux	Salarié	Employeur
Frais de transports	Valeur	Valeur	Valeur	Valeur
Titres-restaurant	Valeur	Valeur	Valeur	Valeur
Chèques vacances	Valeur	Valeur	Valeur	Valeur
Autres	Valeur	Valeur	Valeur	Valeur
MONTANT NET A PAYER AVANT IMPOT SUR LE REVENU			Valeur	
IMPOT SUR LE REVENU	Base	Taux	Salarié	Cumul annuel
Montant net imposable			Valeur	Valeur
Montant net des HC/HS/RTT exonérées			Valeur	Valeur
IMPÔT SUR LE REVENU PRÉLEVÉ À LA SOURCE	Valeur	Valeur	Valeur	Valeur
MONTANT NET A PAYER (en Euros)			Valeur	
TOTAL VERSÉ PAR L'EMPLOYEUR				Valeur

La nouveauté de 2023 sur le bulletin de paie, c'est l'ajout à partir du 01 juillet 2023 de la rubrique du « Montant net social » ; cette dernière est égale à la différence entre :

« 1° D'une part, la totalité des montants correspondant aux sommes, ainsi qu'aux avantages et accessoires en nature ou en argent qui y sont associés, dus en contrepartie ou à l'occasion d'un travail, d'une activité ou de l'exercice d'un mandat ou d'une fonction élective, ainsi qu'aux sommes destinées à compenser la perte de revenu d'activité, versées sous quelque forme que ce soit et quelle qu'en soit la dénomination, à l'exception des indemnités prévues à l'article L. 313-1 du code de la sécurité sociale lorsque l'employeur est subrogé de plein droit à l'assuré dans les conditions prévues au R. 323-11 du même code, ainsi que du financement prévu au III de l'article L. 911-7 et du versement mentionné au I de l'article L. 911-7-1 du même code ; « 2° D'autre part, le montant total des cotisations et contributions sociales d'origine légale ou conventionnelle à la charge du salarié.

L'objective de cette évolution, c'est de mieux informer les salariées sur les ressources prises en compte pour le calcul de leurs droits à certaines prestations sociales comme la prime d'activité ou le RSA et de simplifier certaines informations.

Calcul du montant net social :

Etape 1 : Additionner l'ensemble des éléments de rémunérations brutes versés par l'employeurs.

Etape 2 : Soustraire l'ensemble des cotisations et contributions sociales obligatoires à la charge du salarié, dont celle due au titre de la complémentaire santé.

Etape 3 : Additionner les exonérations et allègements de cotisations dont a bénéficié le salarié ainsi que les cotisations et contributions sociales facultatives à la charge de l'employeur, à l'exception des cotisations facultatives dues au titre de la complémentaire santé.

Le salaire net et le salaire net imposable

Salaire Net : Le salaire net correspond à la somme d'argent que reçoit effectivement un salarié après déduction de toutes les retenues obligatoires, y compris les cotisations sociales et les impôts sur le revenu. C'est le montant que le salarié perçoit réellement sur son compte bancaire.

Salaire Net Imposable : Le salaire net imposable représente le montant du salaire sur lequel sont calculés les impôts sur le revenu. Cependant, certaines déductions spécifiques peuvent être appliquées pour déterminer le salaire net imposable, comme les cotisations sociales déductibles, les frais professionnels déductibles, etc. Le salaire net imposable sert de base pour calculer le montant d'impôt sur le revenu à payer.

Il est important de noter que le salaire net et le salaire net imposable ne sont pas identiques. Le salaire net imposable est généralement plus élevé que le salaire net, car il inclut certaines déductions qui ne sont pas prises en compte dans le salaire net.

SALAIRE BRUT + Autres éléments de rémunération − Cotisations sociales déductibles − CSG déductible + Cotisations patronales non déductibles = **SALAIRE NET IMPOSABLE**

SALAIRE NET À PAYER + CSG non déductible (2,4 %) + CRDS (0,5 %) + Complémentaire santé (part employeur) + Cotisations de retraite et prévoyance supplémentaires non déductibles + Avantages en nature (véhicule, logement) − Rémunération exonérée (heures supplémentaires / indemnités) = **SALAIRE NET IMPOSABLE.**

Partie 2 : Embauche et contrat de travail

Le contrat de travail à durée indéterminée – CDI

Le contrat à durée indéterminée (CDI) représente la forme normale et générale du contrat de travail entre un employeur et un salarié. C'est donc ce contrat qui doit être conclu, sauf si l'employeur justifie le recours à un autre contrat de travail (CDD par exemple).

Le contrat de travail à durée indéterminée est donc un contrat de travail conclu entre un salarié et un employeur, sans limitation de durée.

Il peut cependant être rompu par démission du salarié, par le licenciement, par la rupture conventionnelle ou encore par la prise d'acte de la rupture du contrat de travail.

Le contrat de travail est soumis aux règles du droit commun issues du droit civil, en particulier en ce qui concerne ses conditions de validité, sa forme et les règles de preuve. C. trav. art. L 1221-1 et L 1221-2

Sauf disposition légale ou conventionnelle le prévoyant, l'écrit n'est pas obligatoire pour conclure un CDI, un contrat verbal est valable. Cass. soc. 27-3-2001 n° 98-40.928

En pratique, même pour CDI à temps plein, il est d'usage d'énoncer un certain nombre d'éléments dans le contrat, notamment : L'identité et adresse du salarié et de l'employeur, Emploi, Qualification professionnelle, Durée de la période d'essai, Lieu de travail, Durée du travail, Rémunération, Congés payés, Délais de préavis en cas de rupture du contrat, Éventuelle clause de non-concurrence ou de mobilité

Les clauses contraires à l'ordre public tels que les clauses de célibat, de rémunérations inférieures au Smic, les clauses discriminatoires sont en revanche strictement interdites.

Période d'essai du CDI

Le CDI comporte une période d'essai, la durée de la période d'essai va dépendre du statut du salarié (cadre, employé, ouvrier, technicien ou agent de maîtrise) et de la convention collective applicable à l'entreprise.

La période d'essai peut parfois être reconduite une fois.

Les périodes d'essai légales maximales sont les suivantes :
Code du travail : Art. L.1221-19

- Ouvriers, employés : 2 mois de période d'essai initiale
- Techniciens, agents de maîtrise : 3 mois de période d'essai initiale
- Cadres : 4 mois de période d'essai initiale

Le contrat à durée déterminée (CDD)

Les cas de recours au contrat à durée déterminée sont strictement encadrés par le code du travail, il existe même des motifs de recours interdits. Ainsi un employeur ne peut pas recourir au CDD comme bon lui semble sans quoi il y aura requalification du CDD en CDI.

Le CDD est obligatoirement établi par écrit, à défaut il est réputé conclu pour une durée indéterminée. De plus il doit comporter certaines mentions obligatoires.

Il existe 2 types de contrat à durée déterminée : le CDD à terme précis et le CDD à terme imprécis.

Le CDD à terme précis doit avoir une durée maximale. Le CDD à terme imprécis doit avoir une durée minimale.

Dans certaines conditions un CDD à terme précis peut être renouvelé.

Le CDD doit normalement aller jusqu'à son terme mais il peut cependant être rompu de façon anticipée dans certains cas bien définis par la loi.

A l'issue du CDD, si les relations contractuelles de travail ne se poursuivent pas par un CDI le salarié a droit dans la plupart des cas à une indemnité de fin de contrat de 10 % (Prime de précarité).

Le CDD est un contrat provisoire par nature, quel que soit son motif, il ne peut avoir ni pour objet ni pour effet de pourvoir durablement un emploi lié à l'activité normale et permanente de l'entreprise.

Ainsi un CDD ne peut être conclu que pour l'exécution d'une tâche précise et temporaire, et seulement dans des cas bien définies par la loi, on peut notamment citer :

- Remplacement d'un salarié absent ou d'un dirigeant d'entreprise absent
- Accroissement temporaire de l'activité de l'entreprise
- Emploi à caractère saisonnier
- Emploi ou il est d'usage de recourir au CDD en raison de la nature de l'activité exercée et du caractère par nature temporaire de ces emplois
- CDD conclu dans le cadre de la politique de l'emploi afin de favoriser le recrutement de certaines catégories de personnes sans emploi dans des cas définis par la loi

Le CDD ne peut être conclu que pour un seul motif, ainsi il est impossible de prévoir plusieurs motifs de recours à la fois.

Il existe d'autre CDD particuliers qui relèvent de règles spécifiques :

- Le contrat d'apprentissage ;
- Le contrat de professionnalisation ;
- CDD d'insertion ;
- CDD à objet défini,
- Contrats qui sont spécifiques aux séniors ;
- Contrat unique d'insertion ;
- Contrats liés à la recherche.

Sanction pénale

L'employeur qui conclut avec un salarié un CDD pour un cas de recours non prévu par la loi ou qui a pour effet de pourvoir durablement un emploi lié à l'activité normale et permanente de l'entreprise est puni d'une amende de 3750 euros. La récidive est punie d'une amende de 7500 euros et d'un emprisonnement de 6 mois. Code du travail : Art L. 1248-1 et Art L. 1248-2

Délai de remise du CDD

Le CDD doit être transmis au salarié, au plus tard, dans les 2 jours ouvrables suivant l'embauche (le jour de l'embauche ne compte pas, ni le dimanche).

La transmission du contrat plus de 2 jours ouvrables après l'embauche équivaut à une absence d'écrit et entraîne donc la requalification du CDD en CDI. Code du travail : Art L. 1242-13 Jurisprudence : Cass. soc. 17-06-2005 n° 03-42596

Période d'essai du CDD

Le contrat à durée déterminée peut comporter une période d'essai mais pour être valable la période d'essai doit être clairement précisée dans le contrat de travail, à défaut, il n'y a pas de période d'essai.

Durée de la période d'essai du CDD

La période d'essai du CDD est prévue par le droit du travail.

Elle ne peut être supérieure aux durées calculées comme suit :

- Un jour par semaine, dans la limite de 2 semaines lorsque la durée initialement prévue au contrat est au plus égale à 6 mois

- Un mois lorsque la durée initialement prévue au contrat est supérieure à 6 mois

Le renouvellement de la période d'essai d'un CDD est impossible.

Indemnités de fin de CDD

Le droit du travail prévoit qu'à la fin du CDD, le salarié aura droit à une indemnité de précarité destinée à compenser la précarité de sa situation et à une indemnité compensatrice de congés payés pour compenser les congés non pris à la fin de son contrat.

L'indemnité de précarité de 10 %

Lorsque, à l'issue d'un CDD, les relations contractuelles de travail ne se poursuivent pas par un CDI, le salarié a droit, à titre de complément de salaire, à une indemnité de fin de contrat.

Cette indemnité est égale à 10 % de la rémunération totale brute versée au salarié depuis le début du contrat à l'exclusion de l'indemnité compensatrice de congés payés.

Elle s'ajoute à la rémunération totale brute due au salarié. Elle est versée à l'issue du contrat en même temps que le dernier salaire et figure sur le bulletin de salaire correspondant. (Code du travail : Art L. 1243-8 et Art L. 1242-16)

Si une convention collective le prévoit, l'indemnité de précarité peut être réduite à 6 % afin d'améliorer la formation professionnelle des salariés titulaires de CDD.

En pratique pour pouvoir appliquer le taux réduit, l'employeur doit proposer au salarié concerné un accès privilégié à la formation professionnelle. A défaut c'est le taux de 10 % qui s'applique. (Code du travail : Art L. 1243-9)

Si l'employeur ne verse pas l'indemnité de précarité, le salarié devra lui faire parvenir une lettre de réclamation de l'indemnité de précarité de fin de CDD. De même lorsque l'indemnité de précarité est manifestement sous-évaluée, il pourra lui faire parvenir une lettre de lettre de contestation du montant de l'indemnité de précarité de fin de CDD.

Cas ou l'indemnité de précarité n'est pas due

Sauf dispositions conventionnelles plus favorable, l'indemnité de fin de CDD n'est pas due dans les cas suivants :

- CDD saisonnier
- CDD d'usage
- CDD vendange

- CDD lié à la politique de l'emploi (à l'exception du CDD senior)
- CDD conclu avec un jeune pour une période comprise dans ses vacances scolaires ou universitaires
- Refus du salarié d'accepter la conclusion d'un CDI à l'issue du CDD pour occuper le même emploi ou un emploi similaire, assorti d'une rémunération au moins équivalente
- Enchaînement d'un CDI au terme du CDD
- Rupture anticipée du CDD à l'initiative du salarié
- Rupture anticipée du CDD due à la faute grave du salarié
- Rupture anticipée du CDD due à un cas de force majeure
- Rupture du CDD pendant la période d'essai

Dans le cas où le CDD a été renouvelé, l'indemnité de précarité sera versée à la fin du renouvellement mais sera calculé sur la durée totale du contrat.

En cas de refus de renouvellement par le salarié, l'indemnité lui reste acquise. A l'inverse en cas de rupture de contrat en cours de renouvellement l'indemnité n'est pas due.

Fin de CDD : documents de fin de contrat et autres conséquences

A la fin d'un CDD, l'employeur aura l'obligation de remettre un certain nombre de documents au salarié.

- Certificat de travail ;
- Solde de tout compte ;
- Attestation Pôle Emploi ;
- BIAF : bordereau individuel d'accès à la formation.
- Portabilité de la prévoyance et / ou de la mutuelle : La durée maximale de couverture sera égale à la durée du dernier contrat dans la limite maximale de 12 mois. Cette durée est calculée en mois entiers, en l'arrondissant au nombre entier supérieur. Le financement de cette portabilité est assuré par un mécanisme de mutualisation.

Partie 3 : Durée du travail du salarié à temps plein

Sauf dérogations conventionnelles ou collectives, le salarié est soumis à une durée légale de travail à temps plein de 35 heures par semaine (Article L3121- 27 du code du travail). Des durées maximales (quotidienne et hebdomadaire) de travail sont également imposées. Sauf dérogations, le salarié ne doit pas travailler au-delà des durées maximales prévues.

La durée légale du travail pour un temps complet est 151,67 heures par mois ou 1 607 heures par an.

Cependant, des dispositions conventionnelles ou collectives peuvent prévoir une durée de travail hebdomadaire supérieure ou inférieure à 35 heures.

Les heures effectuées au-delà de la durée légale (ou conventionnelle) sont considérées comme des heures supplémentaires (Article L3121- 28 du ct). Si la durée de travail est inférieure à la durée légale (ou conventionnelle), le salarié travaille à temps partiel.

Tout salarié ou apprenti âgé de moins de 18 ans est soumis à des durée réduite.

Le salarié ayant la qualité de cadre dirigeant n'est soumis à aucune durée de travail (ni minimale, ni maximale).

Durée maximale de travail

La prise en compte de la durée maximale du travail est primordiale, elle est règlementée et encadrée par le code du travail.

Durée maximale quotidienne

La durée de travail effectif ne doit pas dépasser la durée maximale de 10 heures par jour (Article L3121- 18 du code du travail), sauf dérogations (Urgence ou conventionnelle dans la limite de 12h).

Durées maximales hebdomadaires

La durée de travail effectif hebdomadaire ne doit pas dépasser les deux limites suivantes :

- 48 heures sur une même semaine (code du tra art.L 3121-21),

- Et 44 heures par semaine en moyenne sur une période de 12 semaines consécutives (code du tra art.L 3121-22).

Par exemple, si un salarié est amené à travailler 48 heures hebdomadaires pendant 6 semaines de suite, puis 40 heures les 6 semaines suivantes, il aura travaillé en moyenne 44 heures hebdomadaire sur la période de 12 semaines consécutives. Il ne dépasse donc pas les durées maximales hebdomadaires de travail autorisé, par contre il n'a pas le droit de travailler 48 heures pendant 12 semaines de suite, car la moyenne dépasse les 44 heures.

Par dérogation, la durée maximale sur une semaine peut être augmentée en cas de circonstances exceptionnelles, jusqu'à 60 heures maximum (sous réserve d'accord de l'inspection du travail).

Le dépassement de la durée moyenne de 44 heures est possible, dans la limite de 46 heures sur une période de 12 semaine consécutive, dans les conditions suivantes :

- Si une convention ou un accord d'entreprise ou d'établissement (ou, à défaut, une convention ou un accord de branche) le prévoit,

- À défaut de convention ou d'accord, après autorisation de l'inspection du travail.

Le temps de pause

Un temps de pause d'au moins 20 minutes consécutives est accordé au salarié dès que son temps de travail quotidien atteint 6 heures (Article L3121- 16 du code du travail). La pause est accordée soit immédiatement après 6 heures de travail, soit avant que cette durée de 6 heures ne soit entièrement écoulée.

Heures supplémentaires d'un salarié

D'après le code du travail (art. L.3121-28),toute heure de travail accomplie, à la demande de l'employeur, au-delà de la durée légale de 35 heures (ou de la durée équivalente) est une heure supplémentaire. Les heures supplémentaires ouvrent droit à une rémunération plus favorable (taux horaire majoré) au salarié ou à un repos compensateur équivalent à la majoration. Certaines heures supplémentaires ouvrent également droit à une contrepartie obligatoire en repos.

Tout salarié peut être amené à faire des heures supplémentaires, à l'exception

- Du salarié en forfait annuel en jours

- Et du salarié ayant la qualité de cadre dirigeant.

Pour être considéré comme cadre dirigeant, le salarié doit cumuler les 3 critères suivants :

- Se voir confier des responsabilités dont l'importance implique une grande indépendance dans l'organisation de son emploi du temps,

- Être habilité à prendre des décisions de façon largement autonome,

- Percevoir une rémunération se situant dans les niveaux les plus élevés des systèmes de rémunération pratiqués dans l'entreprise ou l'établissement.

Les heures supplémentaires sont effectuées à la demande (écrite ou orale) de l'employeur.

Le salarié est tenu de les accomplir, sauf en cas d'abus de droit de l'employeur. Par exemple, le salarié ne peut pas être sanctionné s'il refuse exceptionnellement de faire les heures supplémentaires demandées par l'employeur parce qu'il n'avait pas été prévenu suffisamment tôt.

Les heures supplémentaires peuvent être accomplies dans la limite d'un certain nombre d'heures (appelé contingent annuel), sauf si le salarié est employé dans le cadre d'une convention de forfait annuel en heures.

Le nombre d'heures prévu dans le contingent annuel est défini par convention ou accord collectif d'entreprise ou d'établissement (ou, à défaut, par convention ou accord de branche). À défaut d'accord ou de convention, le contingent est fixé à 220 heures par salarié et par an.

Les heures prises en compte pour le calcul du contingent annuel d'heures supplémentaires sont celles accomplies au-delà de la durée légale. Toutefois, certaines heures supplémentaires ne sont pas prises en compte dans le contingent. C'est le cas des heures supplémentaires :

• Effectuées pour certains travaux urgents dont l'exécution immédiate est nécessaire pour organiser des mesures de sauvetage, prévenir des accidents imminents ou réparer des accidents survenus au matériel, aux installations ou aux bâtiments de l'établissement,

• Ouvrant droit à un repos compensateur équivalent.

Le salarié peut être amené à accomplir des heures supplémentaires au-delà du contingent annuel applicable. Les conditions d'accomplissement de ces heures sont fixées par une convention ou un accord collectif d'entreprise ou d'établissement (ou, à défaut, une convention ou un accord de branche).

Les heures supplémentaires effectuées se décomptent par semaine.

Le salarié qui effectue des heures supplémentaires ne doit pas dépasser la durée maximale hebdomadaire de travail.

Les heures supplémentaires effectuées par le salarié sont rémunérées dès lors :

- Qu'elles sont effectuées à la demande de l'employeur,

- Ou qu'elles sont effectuées directement par le salarié, sans que l'employeur ne s'y oppose (accord implicite).

La rémunération des heures supplémentaires fait l'objet d'un ou plusieurs taux de majoration, fixés par convention ou accord collectif d'entreprise ou d'établissement (ou, à défaut, par convention ou accord de branche). Chaque taux est au minimum fixé à 10%.

À défaut d'accord ou de convention, les taux de majoration horaire sont fixés à :

- 25 % pour les 8 premières heures supplémentaires travaillées dans la même semaine (de la 36e à la 43e heure),

- 50 % pour les heures suivantes.

Toutefois, la rémunération des heures supplémentaires peut être remplacée, en tout ou partie, par un repos compensateur équivalent. Ce repos est mis en place par convention ou accord (ou, à défaut, par l'employeur, sauf opposition des représentants du personnel). Dans ce cas, la durée de ce repos est équivalente à la rémunération majorée. Par exemple, une heure supplémentaire payée en principe à un taux majoré de 50 % donne lieu à un repos compensateur équivalent (soit 1h30).

Primes exclus du salaire de base servant au calcul des majorations

Les primes qui représentent des frais Circ. DRT n° 94-4, 21-04-1994 :

• Primes de panier

• Primes d'outillage

• Primes de salissure

• Primes d'usure de vêtements

• Primes de déplacements, de transport

Les primes d'ancienneté sauf si un usage ou une convention collective prévoit l'intégration dans l'assiette des majorations pour heures supplémentaires.

Les primes de résultat tels que prime de rendement, de production ou de productivité liée à la productivité générale de l'entreprise. Cass. soc. du 29-05-1986, n° 84-44.709

Les primes de 13e mois ou de fin d'année. Cass. soc. du 28-05-1997, n° 94-42.835

Les primes liées à un événement familial comme le mariage, la naissance d'un enfant, l'anniversaire.

Les primes liées à la médaille du travail.

Primes inclus dans le salaire de base servant au calcul des majorations

Les avantages en nature nourriture, voiture … Cass. soc du 23-03-1989, n° 86-45.353

Les primes de résultat (rendement, production, productivité) liée au rendement individuel. Cass. soc. du 29-05-1986, n° 84-44.709

Les primes annuelles de résultat directement rattaché à l'activité personnelle du salarié. Cass. soc. du 23-09-2009, n° 08-40.636

Les primes de production, qui sont liés à la production d'un groupe d'ouvriers à laquelle contribue nécessairement le rendement individuel de chacun des salariés de ce groupe. Cass. soc. du 29-10-2007, n° 06-42.426.

Les primes d'assiduité. Cass. soc. du 26-10-1979, n° 78-41.113

Les primes liées à la nature même du travail Circ. DRT n° 94-4, 21-04-1994 :

• Prime d'astreinte sauf si elle ne correspond pas à du travail effectif Cass. soc. du 11-05-2016, n° 14-29.512

• Prime de travail de nuit, prime de travail du dimanche, prime de travail des jours fériés Cass. soc. du 22-05-2019, n° 17-22.376

• Prime d'insalubrité

• Prime de froid

• Prime de danger

• Prime de situation géographique

• Prime de dépaysement Cass. soc. du 30-03-1994, n° 90-43.161

Mention des heures supplémentaires sur le bulletin de paie

La fiche de paie doit faire apparaître les heures payées au taux normal et celles qui comportent une majoration pour heures supplémentaires en mentionnant le ou les taux appliqués aux heures correspondantes.

Contrepartie en repos

Dans la limite du contingent

Les heures supplémentaires accomplies ouvrent droit à une contrepartie sous forme de repos pour le salarié. Cette contrepartie s'ajoute à la majoration salariale des heures supplémentaires (ou, lorsqu'il est prévu, au repos compensateur équivalent).

La contrepartie sous forme de repos est mise en place à des conditions qui varient selon que ces heures sont accomplies dans la limite du contingent ou au-delà.

Au-delà du contingent

Une contrepartie en repos est obligatoire pour toute heure supplémentaire accomplie au-delà du contingent.

La contrepartie est fixée à :

- 50% des heures supplémentaires accomplies au-delà du contingent,

• Ou 100% de ces mêmes heures si l'entreprise emploie plus de 20 salariés.

Une contrepartie plus importante peut être fixée par convention ou accord collectif d'entreprise ou d'établissement (ou, à défaut, par convention ou accord de branche).

La convention ou l'accord peut également fixer la durée, les caractéristiques et les conditions de la prise de cette contrepartie obligatoire sous forme de repos. À défaut d'accord ou de convention prévoyant des conditions différentes, le salarié peut prendre une journée entière ou une demi-journée de repos, à sa convenance, dès lors que la contrepartie obligatoire en repos a atteint 7 heures. Chaque journée ou demi-journée est prise dans un délai de 2 mois (sauf report, de 2 mois supplémentaires, en cas de demandes simultanées ne pouvant toutes être satisfaites dans le délai). Le salarié qui ne demande pas à bénéficier du repos dans le délai peut le prendre, à la demande de l'employeur, dans le délai maximum d'un an.

La mensualisation

La mensualisation est intégrée dans le code du travail en 2008. La loi du 19 janvier 1978, dont les dispositions ont été reprises dans le nouveau Code du travail (articles L. 3242-1 et suiv.), a prévu le paiement chaque mois d'une rémunération déterminée indépendamment du nombre de jours que comporte le mois, et ce afin de neutraliser les conséquences de la répartition inégale des jours entre les 12 mois de l'année.

Sont exclus du bénéfice de la mensualisation :

- Les travailleurs à domicile ;

- Les travailleurs saisonniers ;

- Les travailleurs intermittents et les travailleurs temporaires.

Le calcul du salaire mensuel

La rémunération mensuelle est une moyenne calculée sur la base de l'horaire hebdomadaire légal ou contractuel de travail. Elle ne dépend pas du nombre de jours travaillés dans le mois.

Pour un salarié à plein temps dans une entreprise qui applique la durée légale hebdomadaire du travail, soit 35 heures, elle est de :

•   35 heures x 52 semaines/12 mois = 151,67 heures x taux horaire

Ainsi la durée du travail de 35 heures par semaine correspond à une durée mensuelle forfaitaire de 151,67 heures.

Pour un salarié à temps partiel travaillant 30 heures par semaine, elle est de :

•   30 heures x 52 semaines/12mois = 130 heures x taux horaire

Cette méthode de calcul aboutit à une régulation de la rémunération sur l'année qui neutralise les conséquences de la répartition inégale des jours entre les 12 mois de l'année civile.

Les heures supplémentaires sont payées en plus avec les majorations correspondantes.

Les heures non travaillées peuvent donner lieu à une réduction de salaire proportionnelle.

Déduction forfaitaire patronale pour les employeurs de moins de 20 salariés

Les employeurs peuvent bénéficier :

- D'une déduction forfaitaire des cotisations patronales au titre des heures supplémentaires ;
- Le montant de cette déduction est fixé à 1,50€ par heure supplémentaire.

Déduction forfaitaire patronale pour les employeurs de 20 salariés et plus et moins de 250 salariés

Les employeurs peuvent bénéficier :

- D'une déduction forfaitaire des cotisations patronales au titre des heures supplémentaires effectuées depuis le 01 octobre 2022 ;
- Le montant de cette déduction est fixé à 0,50€ par heure supplémentaire.

Le contrat de travail à temps partiel

Tout salarié peut être amené à travailler à temps partiel, c'est-à-dire pendant une durée inférieure à la durée de travail légale qui est de 35heures hebdomadaire (art. L.3123-1 du code du tra). Dans ce cas, le salarié à temps partiel est tenu de travailler pendant une durée minimale qui est bien précisée dans le contrat de travail.

Le salarié à temps partiel peut être amené à effectuer dans certaines limites des heures en plus des heures définit dans son contrat de travail, et ces heures sont appelé des heures complémentaires.

Les heures complémentaires font l'objet d'une majoration de salaire.

Une convention collective ou un accord collectif peut prévoir une durée de travail inférieure pour le temps plein (32 heures par semaine, par exemple). Dans ce cas, le salarié qui travaille moins que cette durée travaille à temps partiel.

Contrat de travail pour un temps partiel

Le salarié qui travaille à temps partiel doit signer un contrat de travail écrit. Ce contrat mentionne les éléments suivants :

• Qualification du salarié,

• Éléments de la rémunération,

• Durée de travail hebdomadaire ou mensuelle prévue,

• Répartition de la durée du travail entre les jours de la semaine ou les semaines du mois (sauf si la répartition des horaires de travail est prévue, par convention ou accord, sur une période supérieure à la semaine),

• Limites dans lesquelles peuvent être accomplies des heures complémentaires,

• Modalités de communication par écrit au salarié des horaires de travail pour chaque journée travaillée,

• Cas dans lesquels la répartition de la durée du travail peut être modifiée et nature de cette modification.

Tout avenant au contrat doit également faire l'objet d'un écrit. À défaut, le contrat est présumé être à temps plein.

Le salarié à temps partiel doit respecter une durée minimale de travail. Cette durée est fixée par convention ou accord de branche étendu. À défaut de convention ou d'accord, la durée minimale de travail est fixée à :

• 24 heures par semaine (ou la durée mensuelle équivalente, soit 104 heures),

• Ou la durée équivalente en cas de répartition de la durée du travail sur une période supérieure à la semaine et au plus égale à l'année.

Si la convention ou l'accord fixe une durée minimale inférieure à 24 heures par semaine, ce texte doit alors déterminer :

• Les garanties prévoyant la mise en œuvre d'horaires réguliers,

• Les garanties permettant au salarié de cumuler plusieurs activités, afin d'atteindre une durée globale d'activité correspondant à un temps plein ou au moins égale à 24 heures par semaine,

• Les modalités selon lesquelles les horaires de travail des salariés sont regroupés sur des journées ou des demi-journées régulières ou complètes.

Certaines situations permettent au salarié de bénéficier de dérogations à la durée minimale de travail (contraintes personnelles, cumul d'emplois...).

Rémunération d'un salarié à temps partiel

La rémunération du salarié à temps partiel est calculée au prorata de sa durée du travail (sauf dispositions conventionnelles ou usages plus favorables).

Elle est proportionnelle à celle du salarié qui, à qualification égale, occupe à temps complet un emploi équivalent dans l'établissement ou l'entreprise (compte tenu de la durée de travail et de l'ancienneté du salarié dans l'entreprise).

La rémunération peut être lissée, ce qui permet d'assurer une rémunération fixe et régulière aux salariés dont l'horaire varie au cours de l'année.

Les heures complémentaires

Il ne faut pas confondre avec les heures complémentaire qui concerne que les contrats à temps plein. Les heures complémentaires sont des heures effectuées au-delà de la durée hebdomadaire ou mensuelle de travail fixée par le contrat du salarié à temps partiel.

Elles sont possibles en respectant 2 conditions :

- Les heures complémentaires peuvent être effectuées dans la limite de **1/10e** de la durée hebdomadaire ou mensuelle de travail prévue dans le contrat. Par exemple, si le contrat prévoit une durée de travail de 30 heures hebdomadaires, le salarié peut effectuer 3 heures complémentaires au maximum.

Toutefois, elle peut être portée à 1/3 de la durée hebdomadaire ou mensuelle par convention ou accord d'entreprise ou d'établissement.

- Les heures complémentaires ne doivent pas porter la durée de travail du salarié au niveau de la durée légale (ou de la durée conventionnelle applicable dans l'entreprise, si elle est inférieure).

Rémunération des heures complémentaires

Toute heure complémentaire accomplie donne lieu à une majoration de salaire. Le taux de majoration d'une heure complémentaire peut être fixé par convention ou accord de branche étendu, sans être inférieur à 10%. À défaut de convention ou d'accord, le taux de majoration est fixé à :

• 10% pour chaque heure complémentaire accomplie dans la limite de 1/10e de la durée de travail fixé dans le contrat,

• 25% pour chaque heure accomplie au-delà de 1/10e (et dans la limite de 1/3).

Droit au refus du salarié

Le salarié a le droit de refuser d'effectuer des heures complémentaires dans au moins un des cas suivants :

• Soit lorsque le salarié est informé moins de 3 jours avant la date à laquelle les heures complémentaires sont prévues,

• Soit si ces heures complémentaires sont accomplies au-delà des limites fixées par le contrat de travail.

Partie 4 : Les absences et congés payés

Calcul de la retenue pour absence

Lors de l'absence d'un salarié (Congés payés, maladie, …), il doit apparaitre dans le bulletin de paie comme retenue sur salaire, plusieurs méthodes existent pour le calcul de la retenue.

Une seule méthode sur toutes celles qui existent est retenue par la Cour de cassation, à savoir la méthode de « calcul au réel » ; (Cass. sos. 11 février 1982, n°80-40359, BC V n°90).

Les différentes méthodes de calcul de la retenue de salaire pour absence :

- **Méthode des heures réelles du mois** : Il faut calculer le salaire horaire du mois considéré (Salaire brut/nombre d'heures réelles du mois), pour le calcul de la retenue, il suffit de multiplier le nombre réel d'heures d'absence par le salaire horaire du mois.

- **Méthode des jours réels** : Il faut calculer le salaire journalier du mois considéré (Salaire brut/nombre de jours ouvrés du mois), pour le calcul de la retenue, il suffit de multiplier le nombre réel de jours d'absence par le salaire journalier du mois.

- **Méthode des jours ouvrables moyens** : On prend en considération 26 jours ouvrables dans le mois et on calcul la retenue

Exemple : Un salarié a un salaire de base de 2000€ par mois et qui s'absente 3 jours pour raison injustifié.

Le calcul de la retenue : (2000/26) *3 = 230.70€

Salaire brut = 2000-230.70 = 1769.3€

- **Méthode des jours ouvrables réels** : On prend en considération le nombre de jours ouvrables réels dans le mois et on calcul la retenue

- **Méthode des jours ouvrés moyens** : Nous avons 5 jours ouvrés dans une semaine et nous considérons en général une moyenne de 21.67 jours ouvrés dans le mois

- **Méthode des heures mensuelles moyen** : Elle est égale à 1/151.67

- **Méthode des jours calendaires réels** : On prend en compte le nombre de jours calendaire sur mois de l'absence et on calcul la retenue :

- **Méthode des jours calendaires moyens** : On prend en compte le nombre de jours calendaires moyens qui est de 30 jours et on calcul la retenue :

Les congés payés

Tout salarié, quels que soient la durée de son contrat, son temps de travail et son ancienneté, a droit à des jours de congés payés par son employeur. La durée des congés varie en fonction des droits acquis. Les départs en congés sont soumis à l'accord de l'employeur. Les jours de congés payés peuvent être pris de manière fractionnée, lorsque le congé du salarié est supérieur à 12 jours ouvrables.

La durée du congé payé

Que le salarié travaille à temps plein ou à temps partiel, il acquiert 2,5 jours ouvrables par mois de travail effectif chez le même employeur, soit 30 jours ouvrables (5 semaines) pour une année complète de travail. Ou 2,08 jours ouvrés par mois de travail chez le même employeur, soit 25 jours ouvrés pour une année complète de travail.

Congés payés ouvrés	Congés payés ouvrable
25 jours ouvrés	30 jours ouvrables
Une semaine complète = 5 jours	Une semaine complète = 6 jours
5 semaines de CP pour année complète	5 semaines de CP pour année complète

Le mode de conversion de jours ouvrés en jours ouvrable est :

(Nombre de jours à convertir * Nombre de jours ouvrables semaine) / Nombre de jours ouvrés semaine

Exemple : un salarié a acquis 15 jours ouvrés au 31 mai 2018, donc pour avoir le nombre de jours ouvrable : 15 * 6/5 = 18 jours ouvrables

L'année complète de travail est déterminée à partir d'une période de référence, fixée du 1er juin de l'année précédente au 31 mai de l'année en cours. Cependant, des dates différentes peuvent être fixées par accord d'entreprise ou d'établissement ou, à défaut, par convention ou accord de branche.

Certaines entreprises ont l'obligation de s'affilier à une caisse de congés payés (entreprises des secteurs du BTP, des spectacles...). Dans ce cas, la période de référence est fixée du 1er avril de l'année précédente au 31 mars de l'année en cours.

Certaines absences sont prises en compte pour le calcul des jours de congés.

Lorsque le nombre de jours de congés acquis n'est pas un nombre entier, la durée du congé est portée au nombre entier immédiatement supérieur.

Il découle de l'article L3141-1 et suivants du Code du travail, que tout salarié dispose du droit et de l'obligation de prendre chaque année tous les congés payés qu'il a acquis.

La loi prévoit de déroger à ce principe dans quatre hypothèses, en permettant au salarié de capitaliser une partie de ses congés payés pour les prendre plus tard.

- Il s'agit du congé pour la création d'entreprise ;

- Du congé sabbatique ;

- Du compte épargne temps ;

- Et du report des congés payés prévu par un accord collectif en cas de décompte annuel de la durée du travail.

La loi permet aux salariées dont la période de congé de maternité coïncide avec la période des congés payés, de ne pas perdre leurs droits à congés payés et d'en bénéficier même après expiration de la référence (C. trav. Art. L3141-2).

Le décompte des congés payés en cas d'absence

Il convient en premier lieu de s'intéresser à ce que la loi assimile à du travail effectif pour l'acquisition des droits aux congés payés. Il s'agit notamment :

- Du temps de présence dans l'entreprise ;
- Des périodes de congés payés ;
- Des congés maternités, paternités et d'adoption ;
- Des absences liées à une maladie professionnelle ou à un accident professionnel (dans la limite d'une année);
- Des périodes de repos compensateurs ;
- Des congés formations.

A contrario, ne sont pas considérés comme du travail effectif :

- Les arrêts maladies ;
- Les grèves ;
- Les congés parentaux à temps plein ;
- Les périodes de mise à pied (mesure disciplinaire) ;
- Le congé de présence parentale ;

- Le congé de solidarité familiale.

Etant donné qu'il faut 48 semaines pour obtenir les 30 jours de congés payés annuels et qu'une année est composée de 52 semaines, le salarié peut s'absenter 4 semaines sans préjudice pour l'acquisition de ses 30 jours de congés payés.

Si l'absence non assimilée à du temps de travail effectif est supérieure à 4 semaines, il convient de calculer la totalité :

- Des semaines travaillées par le salarié et attribuer 2,5 jours par tranche de 4 semaines, ou ;
- Des jours travaillés en fonction de la répartition des horaires du salarié sur une semaine (soit 20 jours pour des horaires de travail répartis sur 5 jours de la semaine, 22 jours pour des horaires répartis sur 5,5 jours ou 24 jours sur 6 jours).

Le calcul le plus favorable pour le salarié doit être retenu par l'employeur et le résultat est toujours arrondi à l'entier supérieur.

Dates de départ en congés

Les congés peuvent être pris dès l'embauche, dans le respect des périodes de prise des congés et de l'ordre des départs.

La période de prise des congés payés est fixée :

• Par accord d'entreprise ou d'établissement ou, à défaut, par convention ou accord de branche,

• En l'absence d'accord ou de convention, par l'employeur (après avis, s'ils existent, du comité d'entreprise ou, à défaut, des délégués du personnel).

Le congé principal de congés payés, doit être pris entre le 1er mai et le 31 octobre et doit comporter une durée minimale de 18 jours ouvrable continus (soit 15 jours ouvrés continus) de CP sur cette période

Elle est portée à la connaissance des salariés au moins 2 mois avant l'ouverture de la période.

Le salarié ne peut pas poser plus de 24 jours ouvrables de congés consécutifs (soit 4 semaines). Toutefois, par dérogation individuelle, l'employeur peut accorder au salarié un congé plus long s'il justifie :

• De contraintes géographiques particulières

• Ou de la présence au sein du foyer d'un enfant ou d'un adulte handicapé, ou d'une personne âgée en perte d'autonomie.

L'ordre des départs en congés est fixé :

• Soit par accord d'entreprise ou d'établissement ou, à défaut, par convention ou accord de branche,

• Soit, en l'absence d'accord ou de convention, par l'employeur (après avis, s'ils existent, du comité d'entreprise ou, à défaut, des délégués du personnel).

Le plus souvent, le salarié informe l'employeur des dates de congés qu'il souhaite prendre. Cependant, l'employeur peut refuser de les lui accorder. Le congé est alors pris à une autre date. L'employeur peut aussi imposer au salarié de prendre des jours de congés.

Les jours de fractionnements

Le congé principal peut être fractionné (pris en plusieurs fois), avec l'accord du salarié. Toutefois, son accord n'est pas nécessaire en cas de congé pendant la période de fermeture de l'établissement.

Sauf situation particulières nécessitant l'accord de l'employeur, la durée du congé pris en une seul fois ne peut excéder 24 jours ouvrable (soit 20 jours ouvrés), il y a donc une obligation légale de fractionnement :

- D'une part, du congé principal, soit les 24 premiers jours ouvrable (4 semaines)

- La cinquième semaine, d'autre part.

Seule la quatrième semaine de CP, qui est entre 19 et 24 jours ouvrable, ouvre droit au fractionnement.

Pour bénéficier des jours de fractionnement, le salarié doit remplir les 2 condition cumulatives suivantes :

- Prendre au minimum 18 jours ouvrable de CP en continu dans le cadre du congé principal pris entre le 1er Mai et le 31 Octobre de l'année de référence ;

- Prendre un nombre minimum de jours de CP en continu ou non entre le 1er novembre et le 30 avril de l'année de référence pour bénéficier de jours de fractionnement, à savoir :

• Soit au moins 6 jours ouvrable = 2 jours de fractionnement

Soit entre 3 et 5 jours ouvrables = 1 jour de fractionnement

Exemple 1

Un salarié prend :

- 18 jours ouvrable de CP continue en juillet

- 6 jours ouvrable jours en Aout

- Et 6 jours en mars

Ce salarié ne bénéficie pas de fractionnement puisqu'il ne remplit pas les deux conditions cumulatives requise pour bénéficier de jours de fractionnement.

Le congé principal de 18 jours ouvrables en continu est pris, mais le salarié ne remplit pas la deuxième condition : la 5eme semaine de CP n'est pas prise en compte dans l'octroi des jours de fractionnement.

Exemple 2

Une salariée prend :

- 18 jours ouvrable de CP continu en aout

- 6 jours ouvrable en novembre

- Et 6 jours ouvrable en mars

La salariée bénéficiera de 2 jours de fractionnement puisqu'elle remplit les deux conditions cumulatives requises pour bénéficier de jours de CP supplémentaires.

Le calcul de l'indemnité de congés payés

Le salarié ayant acquis le droit de prendre des jours de congés perçoit une indemnité de congé payés. Sauf mode de calcul plus favorable au salarié prévu par un usage ou dans le contrat de travail, cette indemnité est calculée de 2 manières :

• Par la règle qui prévoit que l'indemnité est égale à 1/10e de la rémunération brute totale perçue par le salarié au cours de la période de référence,

• Et par la règle du maintien de salaire, qui prévoit que l'indemnité de congés payés est égale à la rémunération que le salarié aurait perçue s'il avait continué à travailler.

C'est le montant le plus avantageux pour le salarié qui est payé.

Pour fixer l'indemnité de congés, les avantages et prestations en nature sont pris en compte seulement si le salarié n'en bénéficie pas durant son congé.

Pour effectuer le calcul, l'employeur peut tenir compte :

- Soit de l'horaire réel du mois,

- Soit du nombre moyen de jours ouvrables (ou ouvrés),

- Soit du nombre réel de jours ouvrables (ou ouvrés).

Exemple : un salarié a perçu 21 840 € bruts au cours de la période de référence prise en compte pour le calcul des indemnités (1 820 € par mois). S'il prend 2 semaines de congés payés, les calculs sont les suivants :

Méthode du maintien de salaire	Méthode du 10e
En tenant compte de l'horaire réel du mois (7 heures par jour) au cours d'un mois qui comporte 21 jours ouvrés, le nombre réel d'heures travaillées dans le mois est fixé à 147 heures (21 x 7) et le nombre d'heures non travaillées en raison des congés payés à 70 heures (10 x 7). Le calcul est le suivant : 1 820 x (7x10) / (7x21) = 866,66 €.	Le calcul du 1/10e de la rémunération brute est effectué ainsi : (21 840/10) = 2 184 € pour un congé d'une durée de 30 jours ouvrables (ou 25 jours ouvrés). Pour une fraction de 2 semaines de congés, le calcul est le suivant : - en jours ouvrables (soit 12 jours) : (21 840/10) x (12/30) = 873,60 €, - en jours ouvrés (soit 10 jours) : (21 840/10) x (10/25) = 873,60 €.

Le salarié perçoit le montant le plus favorable, soit 873,60 € pour ses 2 semaines de congés payés.

Calcul de l'indemnité de congé payé au 1/10 de la rémunération

Les salaires à prendre en compte sont l'ensemble de la rémunération brute du salarié qu'il a perçu au cours de la période de référence à l'exception des primes et indemnités couvrant par nature l'ensemble de l'année période de travail et période de congés payés confondus.

Éléments de salaire à prendre en compte pour le calcul de l'indemnité de congés payés

Éléments à inclure	Éléments à exclure
• Salaire de base, commissions et pourboires • Majorations pour heures supplémentaires, travail de nuit ou le dimanche ou jours fériés • Indemnité de congés payés de l'année précédente • Avantages en nature dont le salarié est privé durant ses congés (ex. : voiture de fonction parquée à l'entreprise durant les congés) • Primes de sujétion ou de servitude inhérentes à l'emploi : – prime de soirée – prime de nuit – prime de froid – prime d'astreinte – prime d'insalubrité, de salissure • Autres primes ayant la nature de complément de salaire : – prime d'ancienneté – prime de rendement – prime de production – prime d'assiduité si elle est versée chaque mois – prime d'objectif liée à des résultats personnels • Salaires fictifs des absences assimilées à du travail effectif pour l'acquisition des congés payés par la loi ou la convention	• Indemnité compensatrice de congés payés • Avantages en nature dont le salarié continue à bénéficier durant les congés payés (ex. : logement) • Primes allouées globalement sur l'année, périodes de travail et de congé confondues : – 13e mois, fin d'année – prime de vacances – prime d'assiduité – primes exceptionnelles, etc. • Gratifications facultatives ou bénévoles : – événement familial (mariage, naissance, garde d'enfant…) – événement particulier (médaille du travail…) • Primes d'intéressement ou de résultats calculées sur le résultat global de l'entreprise quel que soit le travail du salarié • Indemnité d'activité partielle « chômage partiel »), de chômage-intempéries • Primes compensant un risque ou une sujétion exceptionnelle • Revenus de substitution des absences non assimilées à du travail effectif (indemnités journalières maladie, etc.)

collective (ex. : accident du travail, maladie professionnelle pour une durée de 1 an) • Le salaire versé au salarié déclaré inapte en l'absence de reclassement ou de licenciement un mois après la reconnaissance de son inaptitude • Sommes faussement qualifiées de remboursement de frais mais correspondant en réalité à un élément de rémunération	• Sommes versées au titre de la participation et de l'intéressement • Remboursements de frais professionnels • Remboursement patronal au titre des frais de transport domicile-lieu de travail (ex. : Pass Navigo en région parisienne)

Partie 5 : Arrêt maladie, Accident du travail, maternité... - Indemnités Journalières versées par la Sécurité sociale

Les indemnités journalières de la Sécurité sociale

Si un salarié est malade, il peut percevoir des indemnités journalières (IJSS) versées par la caisse primaire d'assurance maladie (CPAM). Ces IJSS sont versées sous conditions de cotisations. Le montant versé varie en fonction du salaire.

Nous n'allons pas aborder les conditions d'ouverture de droit aux IJSS pour un salarié, mais nous allons voir comment traiter la maladie dans le bulletin de paie.

Les IJ sont égales à 50 % du salaire journalier de base, qui est égal au total des 3 derniers salaires bruts perçus avant l'arrêt de travail, divisé par 91,25.

Exemple

Un salaire a perçu 2 000 € par mois les 3 mois précédant l'arrêt de travail. IJSS brute = (2 000 x 3) / 91,25 = 65,75, puis 65,75 x 50 % = 32,87.

Votre salaire pris en compte pour calculer votre gain journalier de base est plafonné à 1,8 fois le montant du Smic en vigueur lors du dernier jour du mois qui précède l'arrêt.

Exemple

Un salarié est en arrêt maladie du 15/05/2023 au 25/05/2023, il a perçu 2000 en février, 3200 en mars et 2600 en avril, quel est le montant de l'indemnité journalière ?

IJSS = ((2000+3144,96+2600) /91.25)*50%= 42.44€ Sachant que le SMIC 2023=1747,20€, il faut limiter le salaire de mars à 1.8*1747,2=3144,96€

Montant maximum

Les IJ ne peuvent pas dépasser 51,70 € bruts en 2023.

Maintien de tout ou partie du salaire par l'employeur

Si le salarié rempli les conditions légales, il aura droit en cas d'arrêt maladie à un complément de la part de son employeur.

- Justifier d'au moins une année d'ancienneté dans l'entreprise (calculée à partir de votre 1er jour d'absence)
- Avoir transmis à l'employeur le certificat médical dans les 48 heures
- Bénéficier des indemnités journalières qui sont versées par la Sécurité sociale
- Être soigné en France ou dans l'un des États membres de l'espace économique européen (EEE)

- Ne pas être travailleur à domicile ou salarié saisonnier, intermittent ou temporaire

Sauf dispositions conventionnelles ou accord collectif plus favorables, le versement des indemnités complémentaires tient compte d'une carence de 7 jours, ce qui fait que le versement de l'indemnité complémentaire commence au 8eme jours de l'arrêt maladie.

La durée de versement de l'indemnité complémentaire est en fonction de l'ancienneté du salarié dans l'entreprise, comme suite :

De 1 à 5 ans ➜ 60 jours (30 jours à 90% et 30 jours à 66,66%)

De 6 à 10 ans ➜ 80 jours (40 jours à 90% et 40 jours à 66,66%)

De 11 à 15 ans ➜ 100 jours (50 jours à 90% et 50 jours à 66,66%)

De 16 à 20 ans ➜ 120 jours (60 jours à 90% et 60 jours à 66,66%)

De 21 à 25 ans ➜ 140 jours (70 jours à 90% et 70 jours à 66,66%)

De 26 à 30 ans ➜ 160 jours (80 jours à 90% et 80 jours à 66,66%)

31 ans et plus ➜ 180 jours (90 jours à 90% et 90 jours à 66,66%)

En cas d'arrêt successifs, la durée d'indemnisation est limitée, au cours d'une période de 12 mois consécutifs, à celle acquise, par le salarié, au titre de l'ancienneté.

Maintien de salaire et subrogation

Lorsqu'un salarié est en arrêt de travail, il perçoit des indemnités journalières de la part de la Sécurité sociale (IJSS), ainsi qu'un complément de salaire de la part de son employeur.

En principe, les IJSS sont versées au salarié par sa caisse primaire d'assurance maladie (CPAM). Cependant, l'employeur peut demander à percevoir les IJSS à la place du salarié. Cela lui permet de verser au salarié la totalité des indemnités qui lui sont dues en une seule fois, avant d'être remboursé par la Sécurité sociale. C'est ce qu'on appelle la subrogation de maintien de salaire.

La présentation de la maladie sur le bulletin de paie dans le cas de la subrogation.

	A payer	A déduire
Salaire de base	++++	
Retenue maladie		----
IJSS brute		---- (IJ journalière * jours de maladie en déduisant les 3 jours de carence)
Complément employeur	++++	
Maintien du salaire net (Pour que le salarié ne perçoit un salaire supérieur en étant en maladie qu'en travaillant)		----
Salaire brute	++++	
Charges sociale		----
IJSS net	IJSS brut − 6.7% (CSG/CRDS)	
Net à payer	++++	

Arrêt de travail pour cause d'accident du travail et indemnités journalières

Si un salarié(e) en arrêt de travail en raison d'un accident du travail, il a le droit aussi à des indemnités journalières (IJ) versées par la caisse primaire d'assurance maladie (CPAM). Le montant de l'indemnisation et les conditions de versement diffèrent de celles prévues pour un arrêt maladie.

Le salaire de référence qui est pris en compte pour le calcul de l'IJ est celui du mois précédent l'arrêt de travail (M-1).

Méthode de calcul :

Jusqu'au 28ème jour : IJ = (salaire non plafonné du mois précèdent l'arrêt /30,42) *60%, l'IJ maximum est : 220,14€ en 2023

A partir du 29ème jour : IJ = (salaire non plafonné du mois précèdent l'arrêt /30,42) *80% , l'IJ maximum est : 293,51€ en 2023

Les 30,42 correspondent à la moyenne annuelle des jours dans un mois.

Exemple de présentation d'un bulletin de paie avec accident de travail

	A payer	A déduire
Salaire de base	++++	
Retenue pour Accident de travail		---- Déduire l'absence
Maintien de salaire	Maintenir l'absence qui doit être égale à la déduction	
IJSS brute		---- (IJ journalière * jours de l'AT sans jours de carence)
Garantie du salaire net		Un montant pour maintenir le salaire net habituelle*
Salaire brute	++++	
Charges sociale		----
IJSS net	IJSS brut − 6.7% (CSG/CRDS)	
Net à payer	++++	

*La garantie du net, c'est la montant qui permettra de maintenir le salaire net, pour que le salarié ne perçoit pas un salaire supérieur en étant en AT qu'en travaillant.

Avec un exemple pour mieux comprendre le calcul du maintien du salaire net :

Un salarié perçoit un salaire habituel de 1900€ brut, en déduisant 21% de charges (C'est possible que ce taux est plus élevé en fonction des entreprises ou des secteurs d'activité, mais c'est 21% qui est pris pour le calcul des IJSS), on aura 1501€ net. Ce salarié est en arrêt pour un accident de travail du 04 au 08 janvier 2023 :

IJSS = (1900(pour le mois de décembre) /30*42) *60% = 37.48

	A payer	A déduire
Salaire de base	1900	
Retenue pour Accident de travail		12.93*35=452.55 (A l'heure réelle du mois 1900/147)
Maintien de salaire	452.55	
IJSS brute		37.48*35=187.4
Garantie du salaire net		
Salaire brute	**1712.6**	

Charges sociale		359.65
IJSS net	174.84	
Net à payer	1527.79	

Sans une garantie du net, ce salarié aura un salaire supérieur au salaire habituelle 1527.79 au lieu de 1501€, la différence est de : 1527.79-1501= 26.79€ net. Il faut ajouter un montant négatif au brut qui est de : 26.79/ (1-0.21)=33.91 ; 0.21 correspond aux taux de charges

	A payer	A déduire
Salaire de base	1900	
Retenue pour Accident de travail		12.93*35=452.55 (A l'heure réelle du mois 1900/147)
Maintien de salaire	452.55	
IJSS brute		37.48*35=187.4
Garantie du salaire net		33.91
Salaire brute	**1678,69**	
Charges sociale		352.52
IJSS net	174.84	
Net à payer	1501	

En ajoutant la garantie du net, le salarié aura le même salaire habituel.

Congé de maternité, adoption et congés de paternité et d'accueil de l'enfant, deuil d'un enfant

Pour le calcul des indemnités journalières : (Salaires nets reconstitués des 3 derniers mois − 21% de cotisations salariales/91.25)

Au 1er janvier 2021, le montant maximum de l'indemnité journalière est de 89,03€ ((3*PMSS*79%) /91,25) par jours.

Pour ce type de congé, il n'y a pas de carence pour le versement des indemnités journalières.

La présentation sur le bulletin de paie est le même que pour l'arrêt pour accident du travail, avec des IJSS brut à déduire en haut du bulletin et des IJSS net à ajouter en bas du bulletin de paie

Partie 6 : Cotisations sociales et contributions fiscales

Dans un bulletin de paie, nous retrouvons des charges salariales et patronales (Bien que l'expression de charges sociales n'existe pas dans la législation, mais elle est couramment utilisée chez les gestionnaires de paie). D'un point de vue juridique, il faut distinguer les cotisations de sécurité sociale des contributions sociales (CSG, CRDS, AGS, assurance chômage...). Il y a d'autres charges qui sont d'ordre fiscal et parafiscal, comme la taxe d'apprentissage, taxe sur les salaires, participation à l'effort de construction, contribution à la formation professionnelle.

Le chargé de paie, doit veiller au respect des assiettes de cotisation de chacune, car elles n'ont pas toutes les mêmes bases.

Toutes ces charges doivent être présentées et regroupées sur le bulletin de paie qui est remis aux salariés, faut se référer à l'article 3243-2 du code du travail.

C'est important pour chaque gestionnaire de paie de maitriser les charges salariales pour d'un côté ne pas léser ni le salarié ni l'employeur et pour ne pas avoir de l'autre côté des problèmes avec les services concernés (URSSAF).

Base sa calcul des cotisations sociales et contributions fiscales

La base ou l'assiette de calcul des cotisations sociales et contributions fiscales peut être soit le salaire brut en totalité ou une partie, soit à un montant forfaitaire.

Le plafond de la sécurité sociale

Le plafond mensuel de la sécurité sociale (PMSS) ou le plafond annuel de la sécurité sociale (PASS), sont des notions qui reviennent souvent dans la gestion de la paie, notamment lors du contrôle des tranches et des bases de calcul, car il est utilisé soit directement ou indirectement pour le calcul de certaines cotisations, comme c'est le cas pour :

- Cotisations sociales sur le salaire, l'assurance vieillesse, le chômage, les régimes complémentaires de retraite ;
- Seuils d'exonération fiscale et sociale des indemnités de rupture ;
- Indemnités aux étudiants en stage en entreprise ;
- Contribution au fonds national d'aide au logement (Fnal) ;
- Prestations versées par la Sécurité sociale (indemnités journalières (accidents du travail, incapacité temporaire de travail, pension d'invalidité, etc.).

Le plafond est revalorisé chaque 01 janvier de chaque année.

Plafond de la sécurité social (PSS) au 01 janvier 2021					
Année	Trimestre	Mois	Semaine	Jours	Heures
43 992€	10 998€	3666€	846€	202€	27€

Pour une entrée ou sortie d'un salarié au cours d'un mois, le PMSS est proratisé en calendaire.

Exemple

Un salarié est entré le 13 mai 2023, le PMSS = 3666*19/31 = 2246,90€

Certains calculs utilisent des multiples du plafond annuel de sécurité sociale (Pass) :

Multiples du plafond de la sécurité sociale couramment utilisés		
Multiple	Montant du plafond correspondant	PMSS
0,5 PASS	21 996 €	1 833 €
1 PASS	43 992 €	3 666 €
2 PASS	87 984 €	7 332 €
3 PASS	131 976 €	10 998 €
4 PASS	175 968 €	14 664 €
5 PASS	219 960 €	18 330 €
6 PASS	263 952 €	21 996 €
7 PASS	307 944 €	25 662 €
10 PASS	439 920 €	36 660 €

Cotisations de Sécurité sociale

Elles correspondent aux cotisations :

- Assurance maladie-maternité-invalidité ;

- Assurance vieillesse ;

- Allocations familiales ;

- Accident du travail.

D'autres cotisations qui sont aussi versés à l'URSSAF mais ne sont pas des cotisations de sécurité sociale :

- Contribution solidarité autonomie ;

- Contribution sociale généralisé (CSG)

- Contribution pour le remboursement de la dette sociale (CRDS) ;

- Forfait social ;

- FNAL ;

- Versement mobilité ;

- Assurance chômage ;

- AGS ;

- Contribution au dialogue social ;

- Taxe sur les CDD d'usage : Tout CDD d'usage conclus depuis le 01 janvier 2020, donne lieu à une taxe sur les CDD d'usage à la charge de l'employeur. La taxe est de 10€ pour chaque CDD d'usage (loi 2019-1479 du 28 décembre 2019 dans l'article 145).

Les taux de cotisations au 1er janvier 2023

Contributions fiscales ou cotisations sociales	Assiette	Taux part employeur	Taux part salariale	Total
Assurance maladie, maternité, invalidité, décès	Salaire total	7% jusqu'à 2,5 SMIC ou 13% si > 2,5 SMIC		7% jusqu'à 2,5 SMIC ou 13% si > 2,5 SMIC
Assurance vieillesse plafonnée	Jusqu'à 1 fois le PASS	8,55%	6,90 %	15,45%
Assurance vieillesse déplafonnée	Salaire total	1,90%	0,40 %	2,30%
Allocations familiales	Salaire total	3.45% jusqu'à 3,5 SMIC et taux du droit commun 5,25% (3,45+1,8)		3.45% jusqu'à 3,5 SMIC et taux du droit commun 5,25% (3,45+1,8)
Accident du travail	Salaire total	Variable		Variable
Contribution solidarité autonomie	Salaire total	0,30%		0,30%
CSG non déductible	98,25% du salaire jusqu'à 4 PASS* et 100% au-delà		2,40 %	2,40%
CSG déductible	98,25% du salaire jusqu'à 4 PASS* et 100% au-delà		6,80 %	6,80%

CRDS non déductible	98,25% du salaire jusqu'à 4 PASS et 100% au-delà		0,50 %	0,50%
FNAL (entreprise > 50 salariés)	Jusqu'à 1 fois le PASS	0,10%		0,10%
FNAL (entreprise > 50 salariés)	Au-delà de 1 fois le PASS	0,50%		0,50%
Cotisation chômage	Jusqu'à 4 PASS	4,05%		4,05%
Cotisation AGS (L'Association pour la gestion du régime de Garantie des créances des Salariés, garantit le paiement des salaires en cas de redressement ou de liquidation judiciaire de l'entreprise)	Jusqu'à 4 PASS	0,15%		0,15%
Forfait social	Salaire total	20% (fraction de l'indemnité de rupture conventionnelle non soumis à cotisations sociales, intéressement et participation des entreprise de 250 salariés et plus) ou 16% (Certaines sommes versées sur un Perco des entreprises de		

		50 salariés et plus) ou 10% (intéressement et participation des entreprise de 50 à 250 salariés) ou 8% (Part patronale des prévoyances)		
Contribution au dialogue social	Salaire total	0,016%		0,016%
Versement transport (Pour les employeurs de plus de 11 salariés)	Salaire total	Variable		

Les cotisations de retraite AGIRC-ARRCO

L'unification de l'ARIRC et ARRCO le 01 janvier 2019 a donnée AGIRC-ARRCO unifié, il n'y a plus de distinction entre salarié cadre et non cadre pour la retraite complémentaire, mais l'APEC et la prévoyance décès obligatoire des cadres n'ont pas changés.

Les cotisations AGFF et GMP ont été supprimées le 1er janvier 2019 et ont été remplacées par la contribution d'équilibre générale (CEG).

Retraites complémentaires Agirc et Arrco				
Contribution	Assiette	Taux part employeur	Taux part salariale	Total
Agirc-Arrco tranche 1	Jusqu'à 1 PSS	4,72%	3,15%	7,87 %
Agirc-Arrco tranche 2	De 1 à 8 PSS	12,95%	8,64%	21,59%
Apec	Jusqu'à 4 PSS	0,036%	0,024%	0,06%
CET	Jusqu'à 8 PSS	0,21%	0,14%	0,35%
CEG tranche 1	Jusqu'à 1 PSS	1,29%	0,86%	2,15 %
CEG tranche 2	De 1 à 8 PSS	1,08%	1,62%	2,70%

Formation professionnelle et apprentissage

La cotisation de formation professionnelle a été fusionnée avec la taxe d'apprentissage le 1er janvier 2019 pour former la contribution unique à la formation professionnelle et à l'apprentissage. Le taux de cette contribution est basé sur la masse salariale de l'année précédente et dépend des effectifs de l'entreprise :

- Moins de 11 salariés : 0,55%
- 11 salariés et plus : 1% (1,3% pour les entreprises de travail temporaire).

Autres contributions

Autres contributions			
Contribution	Entreprise	Assiette	Taux (employeur)
Participation à l'effort de construction (Peec)	50 salariés et plus	Masse salariale	0,45%

La taxe sur les salaires n'est pas à proprement parler une cotisation mais plutôt un impôt collecté par le fisc. Cependant, elle est elle aussi calculée à partir du salaire et son produit de cette taxe est affecté aux organismes de Sécurité sociale.

La réduction de cotisations salariales sur les heures supplémentaires et complémentaires

Les salariés qui réalisent des heures supplémentaires ou complémentaires peuvent bénéficier à compter du 1er janvier 2019 d'une exonération de cotisations salariales d'assurance vieillesse-veuvage sur les rémunérations versées au titre de ces heures. Pour calculer le montant de l'exonération, sont prises en compte les cotisations légales d'assurance vieillesse et de retraite complémentaire dans la limite de 11,31 %.

Ce taux de 11,31% correspond aux cotisations salariales vieillesse qui sont de 7,3% (0,4% sur la totalité du salaire et 6,9% sur la limite du plafond), aux cotisations salariales retraites complémentaire sur la tanche 1 : 3,15% et sur la contribution d'équilibre général (CEG) sur la tranche 1, qui est de 0,86%.

$$7,3\%+3,15\%+0,86\% = 11,31\%$$

La régularisation des tranches

Certaines cotisations sont soumises à une répartition par tranche de salaire. C'est le cas de la prévoyance ou de la retraite par exemple. Les tranches de salaire doivent être traitées annuellement. C'est-à-dire que c'est le salaire total de l'année qui va déterminer si le salarié doit cotiser en tranche 1 ou 2. Mais en paie, la régularisation se fait progressivement, pour ne pas avoir des gros régules en fin d'année. Si tous les mois de l'année, le salaire est inférieur au PMSS, il n'y aura pas de régularisation à faire, si le salaire est supérieur chaque mois au PMSS, là aussi, il n'y aura pas de régule à faire, mais si dans un mois le salaire est inférieur au PMSS et le mois suivant, il est supérieur… Le gestionnaire de paie devra faire les régularisations progressives.

Exemple : Pour rappel, le PMSS = 3666 € en 2023

	Janvier	Février	Mars	Avril	Mai	Juin	Juillet	Aout
Salaire	2500	2600	3500	4500	4500	5000	2500	2700
Tranche A	2500	2600	3500	4500	4500	4396	3104	2700
Tranche B						604	-604	
Cumul salaire	2500	5100	8600	13100	17600	22600	25100	27800
Cumul PMSS	3666	7332	10998	14664	18330	21996	25662	29328

En janvier le salaire est inférieur au PMSS (2500<3666)

En février le salaire est inférieur en PMSS (2500+2600<3666+3666)

En mars le salaire est de 3500€ mais le cumul est inférieur au PMSS des 3 mois (2500+2600+3500<3666+3666+3666)

En avril, on regarde toujours en cumul avec les mois précédents : (2500+2600+3500+4500)< (3666*4), comme le cumul du salaire est inférieur au cumul du PMSS, on aura que la tranche 1.

En mai, (2500+2600+3500+4500+4500) =17600 > (3666*5) = 18330 ; En mai, le cumul du salaire est toujours inferieur au cumul du PMSS, on aura pour ce mois de mai qu'une tranche 1 et pas de tranche 2

Pour le mois de juin : le cumul du salaire = 22600 > au cumul du PMSS = 21996, ce qui implique, que sur le bulletin de paie, il y aura la tranche 1 et la tranche 2 ;

Cumul du salaire – Cumul du PMSS, qui doit être égale au cumul de la tranche 2, 22600-21996 = 604. En juin le cumul de la tranche 2 doit être égale à 604€, mais nous n'avons pas eu de tranche 2 les mois précédents, la tranche 2 en juin sera égale à 604€.

Et la tranche 1 en juin : c'est le salaire – la tranche 2 ➜ 5000-(604) = 4396€.

Pour le mois de juillet, le salaire avait baisser ce qui a impliqué que le salaire cumulé est repassé sous le PMSS cumulé, cette fois ci, la tranche 2 cumulé doit être à zéro. De ce fait, pour le mois de juillet, la tranche 2 = -604€ et la tranche 1 sera égale à : 3104€

En raisonnant avec les cumuls entre le salaire, PMSS, tranche 1 et tranche 2, c'est plus simple pour comprendre la régularisation des tranches 1 et 2.

En fin d'année, pour faire la régularisation annuelle, il faut prendre le salaire brut de l'année et le PASS (Plafond Annuel de la Sécurité Social) et comparer entre les 2, si le salaire est supérieur, il y aura que la tranche 1 qui sera égale au total du salaire brut, et si le salaire est supérieur au PASS, la tranche 1 sera égale au PASS, et ce qui dépasse sera la tranche 2.

Partie 7 : Réduction générale des cotisations patronales (ex-réduction Fillon)

La réduction générale des cotisations patronales (ex-réduction Fillon) communément appelée *zéro cotisations Urssaf* consiste à baisser les cotisations patronales de l'employeur pour les salaires n'excédant pas 1,6 du SMIC (2 795,52 € pour 2023).

Calcul sur la rémunération annuelle brute

L'allègement des charges patronales est calculé chaque année sur la **rémunération annuelle brute** du salarié.

La rémunération annuelle brute du salarié englobe tous les éléments de rémunération, en espèces ou en nature. Par exemple, salaire, primes, gratifications, rémunération des heures supplémentaires ou complémentaires, indemnités compensatrices de congés payés et de préavis, pourboires.

Calcul du coefficient de réduction

Le coefficient est déterminé selon la formule suivante :

(T/0,6) x (1,6 x20 966€ (montant du Smic annuel brut) / rémunération annuelle brute -1)

Le « *coefficient de réduction* » est déterminé selon la formule suivante :

- **Moins de 50 salariés : coefficient = (0,3191 / 0,6) x [1,6 x (SMIC/ rémunération annuelle brute du salarié) - 1]**
- **À partir de 50 salariés : coefficient = (0,3231 / 0,6) x [1,6 x (SMIC/ rémunération annuelle brute du salarié) - 1].**

Le résultat obtenu par application de cette formule est arrondi à 4 décimales, au dix-millième le plus proche.

Le montant de la réduction est déduit sur les cotisations suivantes :

- Cotisations de sécurité sociale d'assurance maladie, maternité, invalidité, décès et d'assurance vieillesse de base (retraite du régime général ou du régime de protection sociale agricole)
- Contribution au Fonds national d'aide au logement (Fnal)
- Cotisations d'allocations familiales
- Contribution solidarité autonomie (CSA)
- Cotisations patronales de retraite complémentaire légalement obligatoires
- Contribution patronale d'assurance chômage

Lorsque le montant de la réduction est supérieur au montant des cotisations et contributions, la réduction est également appliquée sur les cotisations accidents du travail et maladies professionnelles dans la limite de 0.70 % de la rémunération.

La réduction Fillon ne peut pas dépasser le montant des cotisations effectivement dues.

Dans le cas d'un contrat à temps partiel, il faut calculer le SMIC corrigé ;

Exemple 1

Pour un salarié dans une entreprise supérieur à 50 salariés, qui est à temps plein qui a un salaire de 1950€ en juin 2023.

Coefficient= (0,3231/0,6) *[1,6*(1747,2/1950) -1] = 0,2334

La réduction = 1950*0,2334 = 455,13€

Exemple 2

Un salarié à temps partiel 100h par mois, une rémunération de 1200€ en janvier. Toujours une entreprise > 50 salariés

SMIC corrigé = 11,52€ (qui correspond au SMIC horaire en mai 2023) *100h = 1152

Coefficient = (0,3231/0,6) *[1,6*(1152/1200) -1] = 0,2886

La réduction = 1200*0,1983 = 346,32€

En cas d'entrée ou de sortie au cours d'un mois, il faut calculer la réduction générale des cotisations patronales en tenant compte des heures réellement travaillées et un SMIC corrigé qui correspond à ce nombre d'heures réel, c'est le même principe que l'exemple 2 ci-dessus.

Partie 8 : La Saisie sur salaire

Un employeur peut recevoir une lettre pour une saisie sur le salaire d'un salarié, qu'il s'agisse de l'administration fiscale ou d'une décision du tribunal, le salaire net du salarié peut être saisi par ses créanciers. La saisie sur salaire est limitée à un certain montant défini par décret.

Lorsque la créance est une pension alimentaire, la fraction saisissable est maximale et seul l'équivalent du revenu de solidarité active ou RSA ne peut être saisi.

Le montant maximum d'une saisie sur salaire dépend à la fois du montant du salaire net du salarié et de la nature de la créance.

Même les indemnités journalières en cas de subrogation, indemnité de licenciement, de fin de contrat... sont concernés par la saisie.

Quels que soient l'origine et le montant de la dette, le salarié conserve une somme égale au montant forfaitaire du RSA correspondant à un foyer composé d'une seule personne, soit 607,75 €.

Exemple pour une personne seule

Tranche	Rémunération mensuelle	Part saisissable	Fraction mensuel saisissable en cumul pour un salarié
1	Jusqu'à 347,5 €	1/20	17,38€
2	Au-delà 347,5 € et 678,33 € (inclus)	1/10	50,46€
3	Au-delà 678,33 € et 1010,83 € (inclus)	1/5	116,96€
4	Au-delà 1010,83€ et 1340 € (inclus)	1/4	199,25€
5	Au-delà 1340 € et 1670,83 €(inclus)	1/3	309,53€
6	Au-delà 1670,83€ et 2007,5 €(inclus)	2/3	533,97€
7	Au-delà de 2007,5 €	100 %	533,97€+la totalité des sommes au-delà de 2007,5€

Ces seuils sont augmentés de 134,17 € par mois (soit 1 610,04 € par an) et par personne à charge.

Sont considérés comme étant à la charge du débiteur :

•   Un époux, partenaire pacsé ou concubin dont les ressources sont inférieures au revenu de solidarité active ;

•   Le ou les enfants à charge (vivant sous le même toit ou qui touchent une pension alimentaire du débiteur) ;

•   Un ascendant dont les ressources personnelles sont inférieures au revenu de solidarité active, qui vit avec lui ou auquel le débiteur verse une pension alimentaire.

Exemple

Un salarié a un salaire net de 1000€, l'employeur reçoit une saisie pour un salarié d'un montant de 350€. Quel est la part saisissable ?

Jusqu'à 347,5 ➔ 1/20 ➔17,38€

De 347,5 à 678,33 ➔ 1/10 ➔ 33,08€

De 678,33 à 1000 ➔ 1/5 ➔ 64,33€

La part saisissable pour ce salarié est : 17,38+33,08+63,33

= 114,79€

Partie 9 : Les titres restaurant

Le titre-restaurant est un titre spécial de paiement « des repas » remis par l'employeur au salarié.

Le salarié ne peut utiliser les titres-restaurant en sa possession que pour régler la consommation : d'un repas ; de préparations alimentaires directement consommables ; de fruits et légumes.

Ce titre peut être émis sur support papier ou sous forme dématérialisée.

Conditions d'attribution

Les titres-restaurant sont remis par les employeurs à leur personnel salarié. Leur attribution est donc subordonnée à l'existence d'un lien de salariat.

Par mesure de tolérance, les Urssaf considèrent que la participation patronale sur les titres restaurant attribuée aux mandataires sociaux peut être exonérée de cotisations de Sécurité sociale sans qu'il soit nécessaire de rechercher l'existence d'un lien de subordination entre le mandataire social et la société (contrat de travail et attributions spécifiques distinctes de celles de son mandat social...).

C'est la commission nationale des titres restaurant qui fixe les conditions d'attribution des titres restaurant.

Ainsi, la CNTR estime de manière plus restrictive que les Urssaf, que seuls les mandataires sociaux qui cumulent leurs fonctions avec une activité salariée peuvent prétendre à l'attribution de titres restaurant.

Le titre-restaurant étant considéré comme un avantage social il est généralement admis qu'il doit être accordé sur une base égalitaire aux membres du personnel salarié.

Répartition des horaires dans la journée

Il ne peut être attribué qu'un titre-restaurant par jour de travail et à condition que le repas soit compris dans l'horaire de travail journalier.

Ainsi, un salarié travaillant 5 jours par semaine de 9 heures à 17 heures pourra bénéficier de 5 titres-restaurant par semaine.

Neutralisation des périodes d'absence

Les salariés absents (congés annuels, maladie...) ne bénéficient pas des titres-restaurant pour les jours d'absence.

Conditions d'utilisation

Les titres-restaurant ne peuvent être utilisés que dans les restaurants et auprès des organismes ou entreprises assimilés ainsi qu'auprès des détaillants en fruits et légumes.

Ils permettent d'acquitter en tout ou en partie le prix d'un repas.

L'utilisation des titres-restaurant - papier ou dématérialisés - est limitée à un montant maximum de 25 € par jour (contre 19 € auparavant).

Validité des titres

Les titres-restaurant ne peuvent être utilisés en paiement d'un repas à un restaurateur ou à un détaillant en fruits et légumes que pendant l'année civile dont ils font mention et durant une période de deux mois à compter du 1er janvier de l'année suivante.

Interdictions

Les titres-restaurant ne sont pas en principe utilisables les dimanches et jours fériés, sauf décision contraire de l'employeur au bénéfice exclusif des salariés travaillant pendant ces mêmes jours.

Conditions d'exonération

L'employeur détermine librement le montant de la valeur libératoire des titres-restaurant qu'il octroie à son personnel : aucune disposition de la réglementation en vigueur n'impose de valeur minimale ou maximale des titres.

Toutefois, la valeur des titres-restaurant est influencée indirectement par les limites légales imposées à la contribution financière des employeurs.

Pour être exonérée de cotisations de Sécurité sociale, la contribution patronale au financement de l'acquisition des titres-restaurant doit respecter deux limites :

Être comprise entre 50 et 60 % de la valeur nominale du titre ;

Ne pas excéder la limite maximale d'exonération de la part patronale qui est de 6,91€ en 2023.

En partant de ces deux limites, la valeur du titre restaurant ouvrant droit à l'exonération maximale est pour 2023 entre 11,52€ et 13,82€.

Reste à la charge du salarié entre 40% et 50% de la valeur du ticket. Cependant, si la part patronale dépasse le montant forfaitaire, la part excédentaire est réintégrée dans l'assiette de cotisation, elle devient un avantage en nature. Si la part patronale dépasse 60% de la valeur faciale du titre restaurant, la part excédentaire est réintégrée dans l'assiette de cotisation. L'intégralité de la part patronale est imposable (La part non soumise à cotisation est directement ajoutée dans le salaire imposable).

Les titres restaurants sur un bulletin de paie

Chaque mois, l'employeur calcul le nombre de titres restaurant attribué à un salarié qu'il multiplie par le montant qui reste à la charge du salarié et ce montant apparaitra en déduction, en bas d'un bulletin de paie. En revanche la part patronale n'apparaitra pas sur le bulletin de paie.

Partie 10 : Rupture du contrat (démission, licenciement, rupture conventionnelle...)

Dans la vie d'une entreprise, il y a souvent des ruptures de contrat entre employeurs et salariés, cela induit plusieurs démarches qui sont différente selon la cause de la rupture. Nous allons voir dans cette partie, les différentes raisons de ruptures de contrat de travail ainsi que les différentes démarches légales que doit suivre un employeur.

La démission d'un salarié

La démission d'un salarié, c'est la propre initiative du salarié en CDI (hors période d'essai) de rompre le contrat de travail avec l'employeur. Cependant, pour être valable, elle doit respecter certaines conditions. Il doit prévenir l'employeur de sa volonté de démissionner. Sauf en cas de dispense, le salarié poursuivra son activité jusqu'au terme du préavis de démission.

La démission est un mode de rupture du contrat de travail qui permet à un salarié de quitter son entreprise sans avoir à justifier cette décision.

Ce droit peut être exercé à tout moment, même si le contrat de travail est suspendu (Maladie, congés pour convenance personnelle...).

Ni une absence injustifiée ni un abandon de poste ne peuvent être considérés comme une démission.

En cas d'ambiguïté sur une volonté de démission claire et non équivoque, le conseil des prud'hommes peut requalifier la démission en licenciement sans cause réelle et sérieuse.

La démission ne doit pas être abusive, c'est-à-dire prise avec l'intention de nuire à l'employeur. Sinon, le salarié (e) peut être condamné(e) au versement de dommages et intérêts à l'employeur.

La démission ne donne pas droit à une indemnité de rupture de contrat, mais le salarié aura droit au paiement des indemnités compensatrice de congés payés.

Indemnité de licenciement du salarié

Un salarié en CDI qui est licencié a droit à une indemnité de licenciement sous certaines conditions, sauf si c'est un licenciement pour faute grave ou faute lourde. Cette indemnité peut faire l'objet d'exonérations sociales et fiscales.

L'indemnité de licenciement est due au salarié en CDI, qui justifie d'au moins 8 mois d'ancienneté ininterrompue dans l'entreprise, que ce soit un contrat à temps plein ou à temps partiel qui fait l'objet d'un licenciement pour motif personnel ou économique.

L'indemnité est également due en cas de cessation ou de dissolution de l'entreprise (sauf cessation pour force majeure).

En cas de décès d'un salarié en cours de procédure de licenciement, l'indemnité doit être versée aux ayants droit.

L'indemnité légale est calculée à partir de la rémunération brute perçue par le salarié à la date du jour de l'envoi de la lettre de licenciement. Les primes et gratifications exceptionnelles ou annuelles sont prises en compte.

L'indemnité est supérieure ou égale aux montants suivants :

- **1/4 de mois de salaire par année d'ancienneté pour les 10 premières années**

- **1/3 de mois de salaire par année d'ancienneté à partir de la 11e année**

Exemple 1

Un salarié a un salaire de référence de 2000€ et une ancienneté de 8 ans.

Indemnité de licenciement = (2000/4)*8 = 4000€

Exemple 2

Un salarié a un salaire de référence de 2000€ et une ancienneté de 5 ans.et 8 mois

Indemnité de licenciement = ((2000/4)*5) + ((2000/4)*8/12 = 2833,33€

Exemple 3

Un salarié a un salaire de référence de 2000€ et une ancienneté de 14 ans.

Indemnité de licenciement = ((2000/4)*10) + ((2000/3)*4) = 7666,67€

Le salaire pris en compte, appelé salaire de référence, est déterminé en prenant en compte, selon la formule la plus avantageuse :

•   Soit la moyenne mensuelle des 12 derniers mois précédant le jour de l'envoi de la lettre de licenciement.

•   Soit le 1/3 des 3 derniers mois. Dans ce cas, les primes et gratifications exceptionnelles ou annuelles sont prises en compte en proportion du temps de travail effectué. Si une prime annuelle a été perçue, il faut ajouter 1/12e du montant de la prime à chacun des 3 derniers mois de référence.

L'ancienneté est calculée jusqu'à la date de rupture effective du contrat de travail, c'est-à-dire à la fin du préavis, même si celui-ci n'est pas exécuté.

La rupture du contrat de travail est notifiée au salarié par l'employeur par lettre recommandée avec avis de réception (LRAR) ou par remise de cette lettre en main propre.

En cas d'année incomplète, l'indemnité est calculée proportionnellement au nombre de mois complets.

Si le salarié a travaillé à temps complet avant de passer à temps partiel (ou inversement), l'indemnité est calculée proportionnellement à la durée pendant laquelle il a travaillé à temps plein et à temps partiel.

Le congé parental d'éducation à temps partiel est considéré comme une période de travail à temps plein.

A savoir : des dispositions conventionnelles, contractuelles ou un usage peuvent prévoir une autre formule de calcul que celle de l'indemnité légale, plus avantageuse pour le salarié. Dans ce cas, le salarié perçoit cette indemnité plus élevée. Une indemnité majorée (dite supra légale) peut également être négociée et s'ajouter à l'indemnité de licenciement.

En cas de maladie durant les 12 derniers mois de référence, il faut prendre les 12 derniers mois avant la maladie si cela est plus favorable pour le salarié.

L'indemnité versée en cas de licenciement (hors plan de sauvegarde de l'emploi) est en partie exonérée d'impôt sur le revenu.

Le montant correspondant à l'indemnité fixée par la loi ou la convention collective est exonéré en totalité.

L'exonération est limitée à :

• soit la partie qui dépasse 2 fois le montant de la rémunération brute que le salarié a perçue l'année précédant le licenciement,

• soit la moitié de l'indemnité de licenciement qu'il a perçue.

L'exonération est limitée à un maximum de 246 816 € pour les indemnités de licenciement perçues en 2022 (263 952 € pour les indemnités de licenciement versées en 2023).

Exonération de cotisations sociales, CSG et CRDS

Cotisations sociales

La fraction de l'indemnité de licenciement exonérée d'impôt sur le revenu est également exonérée de cotisations sociales, dans la limite de 87 984 €.

Exemple :

Si un salarié perçoit une indemnité de licenciement d'un montant de 40 000 € exonérés d'impôt, l'indemnité est également exonérée de cotisations sociales.

En revanche, s'il perçoit une indemnité de 90 000 € exonérée d'impôt, l'indemnité est alors exonérée de cotisations sociales dans la limite de 87 984 €.

La partie de l'indemnité qui excède ce montant, soit 2 016 € (90 000 € - 87 984 €), est soumise à cotisations sociales.

Attention : si l'indemnité de licenciement versée est supérieure à 439 920 €, elle est soumise à cotisations intégralement. Aucune exonération n'est applicable.

CSG et CRDS

L'indemnité de licenciement est exonérée de CSG et CRDS selon la plus petite des 2 limites suivantes :

• Montant de l'indemnité légale ou conventionnelle de licenciement dû au salarié licencié

• Montant de l'indemnité exonéré de cotisations sociales.

Exemple

Un salarié perçoit une indemnité de licenciement (indemnité légale + indemnité supralégale) d'un montant de 40 000 € exonérés d'impôt sur le revenu et de cotisations sociales.

Cependant, le montant de l'indemnité légale perçu (sans compter l'indemnité supralégale) est fixé à 15 000 €.

L'exonération de CSG et CRDS s'applique à hauteur de 15 000 €.

La CSG et la CRDS sont dues à hauteur des 25 000 € restants (40 000 € - 15 000 €).

Rupture conventionnelle du CDI

La rupture conventionnelle permet à l'employeur et au salarié en contrat à durée indéterminée (CDI) de convenir d'un commun accord des conditions de la rupture du contrat de travail qui les lie. La rupture conventionnelle est possible sous conditions et indemnisation. Une procédure légale fixe les démarches à respecter (rédaction d'une convention de rupture et validation par la Direccte).

La rupture conventionnelle constitue le seul mode de rupture du contrat de travail à l'amiable, ce qui permettra au salarié s'il remplit les conditions de bénéficier des allocations chômage auprès du pôle emploi.

Le salarié qui signe une rupture conventionnelle avec son employeur perçoit une indemnité de rupture.

La rupture conventionnelle ne peut être envisagée que par un commun accord, sans contrainte de l'une ou de l'autre des parties. Elle est possible même en cas d'une procédure de licenciement en cours.

Toutefois, la rupture conventionnelle est annulée par le juge si le salarié établit qu'elle a été signée alors que son consentement n'était pas libre. C'est le cas, par exemple :

• si la rupture conventionnelle est signée dans un contexte de harcèlement moral ;

• en cas de pressions exercées par l'employeur pour inciter le salarié à choisir la voie de la rupture conventionnelle.

Dans ce type de situations, le salarié est en droit de percevoir les indemnités prévues en cas de licenciement sans cause réelle et sérieuse.

Cas d'interdiction de la rupture conventionnelle

Même en cas d'accord entre les parties, la rupture conventionnelle est interdite dans les cas suivants :

• si elle est conclue dans des conditions frauduleuses ou en cas de vice du consentement ;

• si le salarié a été déclaré inapte par le médecin du travail ;

• si elle est proposée dans le cadre d'un accord collectif de gestion prévisionnelle des emplois et des compétences (GPEC) ou d'un plan de sauvegarde de l'emploi (PSE) ;

• si elle est proposée dans le cadre d'un accord collectif portant rupture conventionnelle collective ;

- si la procédure de rupture conventionnelle vise à contourner les garanties prévues pour le salarié en matière de licenciement économique.

Entretien entre l'employeur et le salarié

Convocation à un (ou plusieurs) entretien(s)

Première étape de la procédure, l'employeur et le salarié doivent se réunir à l'occasion d'au moins un entretien.

Les conditions de convocation à l'entretien sont librement fixées par les parties (date, heure, lieu, ...).

Assistance du salarié

Lors de chaque entretien, le salarié peut se faire assister par :

- un salarié de l'entreprise (représentant du personnel ou non) ;

- un conseiller du salarié en l'absence d'institution représentative du personnel dans l'entreprise.

Le salarié doit alors en informer l'employeur préalablement (par écrit ou oralement).

Assistance de l'employeur

Si le salarié se fait assister, l'employeur peut alors lui aussi être assisté :

• par une personne de son choix appartenant au personnel de l'entreprise ;

• ou, si l'entreprise emploie moins de 50 salariés, par un membre de son organisation syndicale d'employeurs ou par un autre employeur relevant de la même branche.

Si l'employeur décide de se faire assister durant un entretien, il doit en informer le salarié préalablement (par écrit ou oralement).

Contenu du (ou des) entretiens

Le ou les entretiens permettent de définir les conditions de la rupture (date de la rupture, montant de l'indemnité versée par l'employeur, préavis à effectuer ou non, ...). Ces conditions doivent être fixées dans une convention de rupture.

Convention de rupture

La convention de rupture conventionnelle fixe les conditions de la rupture du contrat de travail, qui sont librement définies par l'employeur et le salarié. Cette convention prévoit notamment :

• la date de rupture du contrat de travail, fixée au plus tôt au lendemain du jour de l'homologation ou de l'autorisation de l'inspecteur du travail ;

• le montant de l'indemnité spécifique de rupture conventionnelle.

Un préavis peut être prévu par l'employeur et le salarié, dont ils fixent la durée d'un commun accord.

L'employeur doit remettre un exemplaire de la convention au salarié. Le non-respect de cette obligation permet au salarié d'obtenir l'annulation de la rupture conventionnelle et le versement des indemnités de licenciement sans cause réelle et sérieuse.

Le salarié et l'employeur doivent signer la convention de rupture conventionnelle.

L'employeur et le salarié disposent d'un droit de rétractation de 15 jours calendaires. Le délai débute à compter de la date de signature de la convention. Lorsque le dernier jour du délai tombe un samedi, un dimanche ou un jour férié ou chômé, il est prolongé jusqu'au premier jour ouvrable suivant.

En l'absence de rétractation dans le délai prévu, la convention doit être adressée à l'administration pour obtenir sa validation. La procédure de validation de la convention varie selon que le salarié est protégé ou non.

L'employeur ou le salarié adresse une demande d'homologation de la convention de rupture :

• soit directement en ligne, en utilisant le téléservice TéléRC,

- soit en remplissant le formulaire de demande d'homologation de la rupture conventionnelle.

La Direccte dispose d'un délai de 15 jour ouvrable, à partir du lendemain du jour ouvrable de la réception de la demande, pour vérifier la validité de la convention. Si le dernier jour de ce délai tombe un samedi, un dimanche ou un jour férié ou chômé, il est prolongé jusqu'au premier jour ouvrable suivant.

Si la Direccte n'a pas répondu dans le délai de 15 jours, la convention est homologuée.

En cas de refus d'homologation, la Direccte doit motiver sa décision (notamment en cas de non-respect d'une étape de la procédure ou de doute sur le libre consentement des parties).

Tant que le contrat n'est pas arrivé à expiration, le salarié poursuit son activité dans les conditions habituelles.

Il peut prendre des congés payés durant cette période.

La date de fin du contrat est prévue dans la convention de rupture.

Le salarié perçoit l'indemnité de congés payés, s'il n'a pas pris tous les congés acquis à la date de rupture du contrat.

Si le contrat de travail prévoit une clause de non-concurrence, la contrepartie financière est due (sauf renonciation à la clause).

À l'issue du contrat, le salarié a droit aux allocations chômage s'il remplit les conditions permettant d'en bénéficier.

Indemnité spécifique de rupture conventionnelle

Le salarié qui signe une rupture conventionnelle homologuée perçoit une indemnité spécifique de rupture conventionnelle, au terme de la rupture du contrat.

Cette indemnité spécifique ne peut pas être inférieure à l'indemnité de licenciement.

L'indemnité est due, quelle que soit l'ancienneté du salarié.

Indemnité de départ volontaire à la retraite

Un salarié qui remplit les conditions de départ à la retraite a droit à une indemnité de départ, il ouvre droit, s'il a au moins 10 ans d'ancienneté dans l'entreprise, à une indemnité légale de départ à la retraite sauf disposition conventionnelle plus favorable, qui est égale à :

- ½ mois de salaire pour un salarié ayant au moins 10 ans d'ancienneté
- 1 mois de salaire pour au moins 15 ans d'ancienneté
- 1.5 mois de salaire pour au moins 20 ans d'ancienneté
- 2 mois de salaire pour au moins 30 ans d'ancienneté

Le salaire de référence est le plus favorable entre les 12 derniers mois et les 3 derniers mois.

L'indemnité de départ à la retraite est soumise aux cotisations sociales et à l'impôts sur le revenu.

Indemnité de mise à la retraite

Pour un salarié qui est mis à la retraite, nous avons deux cas de figure pour le calcul de l'indemnité de mise à la retraite :

Le salarié à moins de 10 ans d'ancienneté

L'indemnité ne peut pas être inférieure à 1/4 de mois de salaire par année d'ancienneté.

Le salarié à 10 ans et plus d'ancienneté

L'indemnité est supérieure ou égale aux montants suivants :

- 1/4 de mois de salaire par année d'ancienneté pour les 10 premières années
- 1/3 de mois de salaire par année d'ancienneté à partir de la 11ᵉ année
-

Documents à remettre au salarié à la fin d'un contrat

L'employeur doit remettre au salarié les documents suivants :

- Certificat de travail
- Attestation pôle emploi
- Reçu pour solde de tout compte
- État récapitulatif de l'ensemble des sommes et valeurs mobilières épargnées ou transférées au sein de l'entreprise dans le cadre des dispositifs de participation, d'intéressement et des plans d'épargne salariale.

Certificat de travail

Le certificat de travail est un document remis par l'employeur au salarié à la date de fin du contrat de travail. Il est dû au salarié pour tout type de contrat de travail (CDI, CDD...), quel que soit le motif de la rupture (démission, licenciement...).

Mentions devant figurer dans le certificat

Les mentions devant figurer sur le certificat sont les suivantes :

- L'identité de l'employeur (nom, adresse, raison sociale, siège social),
- L'identité du salarié (nom, prénom, adresse),
- Les dates d'entrée et de sortie du salarié,
- La nature du ou des emplois successivement occupés,
- Les périodes pendant lesquelles le salarié a occupé ces emplois,
- Le maintien gratuit de la couverture santé pendant toute la période de chômage si le salarié en bénéficiait,

- Le maintien gratuit des garanties de prévoyance (en cas de décès, incapacité de travail ou invalidité pendant toute la période de chômage si le salarié en bénéficiait,
- La date de remise du certificat et lieu de sa rédaction,
- La signature de l'employeur.

Modèle d'un certificat de travail

[Nom de l'employeur]

[Adresse]

[Code postal] [Commune]

Certificat de travail

Je soussigné(e)
[Prénom] [Nom] du signataire

certifie que
[Prénom] [Nom] du salarié

demeurant

[Adresse du salarié]

[Code postal] [Commune]

A travaillé en tant que
[Fonction occupée] du [../../..] au [../../..].

(Le salarié et ses ayants droits bénéficient du maintien à titre gratuit des garanties frais de santé et des garanties de prévoyance jusqu'au [Date de fin des droits du salarié et de ses ayants droits] dans les conditions prévues à l'article L. 911-8 du code de la sécurité sociale.)

Fait à [Commune], le

Le solde de tout compte

Le solde de tout compte répertorie les sommes versées au salarié lors de la rupture du contrat de travail. Le solde de tout compte est établi par l'employeur et remis contre reçu au salarié qui quitte son emploi. Il est dû au salarié pour tout type de contrat de travail (CDI, CDD, contrat temporaire), quel que soit le motif de la rupture (démission, licenciement...).

Modèle d'un solde de tout compte

Reçu pour solde de tout compte

Je soussigné [nom et prénom du salarié], demeurant à [adresse du salarié], reconnais avoir reçu pour solde de tout compte de la Société [nom de la société] la somme de [montant perçu], incluant les éléments suivants : [détail précis des sommes versées au salarié]

Ce reçu pour solde de tout compte peut-être dénoncé, par lettre recommandée, dans les 6 mois à compter de la date de signature. Au-delà de ce délai, je ne peux plus dénoncer les sommes qui y sont mentionnées.

Ce reçu pour solde de tout compte est établi en double exemplaire, dont un m'a été remis.

Fait à [lieu], le [date]

Partie 11 : Activité partielle ou chômage partiel

Nous parlons de l'activité partielle lorsque les salariés, tout en restant liés à leur employeur (Pas de rupture de contrat), subissent une perte de salaire due à une réduction de l'horaire de travail pratiqué dans l'établissement, ou dans une partie de l'établissement, en dessous de la durée légale du travail. (Article L.5122-1 du code du travail)

Depuis 2020, en raison de la pandémie de la Covid-19, plusieurs entreprises ont eu recours à l'activité partielle. Les salariés ayant une perte de salaire, en raison de la réduction de leur temps de travail, sont indemnisés par l'employeur. En contrepartie, celui-ci perçoit une allocation d'activité partielle cofinancée par l'État et l'Unédic.

Pour se faire, l'employeur, doit déposer une demande préalable d'autorisation d'activité partielle

Les salariés titulaires d'un contrat de travail de droit français (CDI, CDD notamment) bénéficient du chômage partiel qu'ils soient :

- À temps plein ou à temps partiel
- En convention de forfait en heures ou en jours sur l'année
- Voyageurs, représentants et placiers (VRP)
- Salariés employés en France par une entreprise étrangère sans établissement en France
- Rémunérés au cachet
- Salariés intérimaires en contrat de mission suite à la suspension, l'annulation ou la rupture d'un contrat de mise à disposition signé
- En CDI dans le cadre du portage salarial
- Cadres dirigeants en cas de **fermeture totale** de l'entreprise ou d'une partie de celle-ci (fermeture d'un atelier ou d'un service de l'entreprise par exemple)
- Travailleurs à domicile payés à la tâche
- Journalistes rémunérés à la pige

Les salariés suivants ne bénéficient pas du chômage partiel :

- Salariés quand la réduction ou la suspension de l'activité est provoquée par un différend collectif de travail (grève par exemple)
- Salariés titulaires d'un contrat de travail de droit français qui travaillent à l'étranger
- Salariés expatriés titulaires d'un contrat de droit local

Rémunération de l'activité partiel en 2021

L'employeur doit verser au salarié une indemnité correspondant à 70 % **de son salaire brut** par heure chômée, soit environ à 84 % du salaire net horaire.

Au 01 Juillet 2021 le taux de 70% baisse à 60%.

Cette indemnité ne peut pas être inférieure 8,11 € net ni supérieure à un plafond de 32,29 € par heure chômée.

A partir du 01 Septembre 2021, l'employeur doit verser au salarié une indemnité correspondant à 60 %de son salaire brut par heure chômée : Heure non travaillée sur décision de l'employeur, soit environ à 72 % du salaire net horaire.

Cette indemnité ne peut pas être inférieure à 8,11 € net, ni être supérieure à un plafond de 27,68 € par heure chômée.

- L'indemnité est versée par l'employeur à la date habituelle de versement du salaire.

- L'employeur doit faire figurer sur le bulletin de paie du salarié (ou dans un document annexé) le nombre des heures indemnisées, les taux appliqués et les sommes versées.

- Une convention ou un accord collectif ainsi qu'une décision unilatérale de l'employeur peuvent prévoir une indemnisation complémentaire.

- En cas de procédure de sauvegarde, de redressement ou de liquidation judiciaire, l'agence de services et de paiement (ASP) verse directement la somme au salarié sur décision du préfet.

Exemple sur un bulletin de paie en 2020

	Base	Taux	Montant	
Salaire de base	151.67	15	2275.05	
Absence activité partielle	70	15	-1050	
Indemnité d'activité partiel	70	10.5 (C'est 15*70%)	735	Elle est soumise qu'a la CSG/CRDS non déductible à 2,9% et à la CSG déductible à 3 ,8%
Salaire brut			1960,05	Salaire brute soumis à cotisation est : 2275,05-1050

Partie 12 : Le prélèvement à la source de l'impôt (PAS)

Dès le 1er janvier 2019, les employeurs deviendront à la fois tiers payeurs et collecteurs de l'impôt sur le revenu pour le compte du Trésor Public.

Concrètement, le prélèvement devra être indiqué sur la fiche de paie et le salaire versé sera diminué du montant correspondant.

L'administration fiscale transmettra à l'entreprise un taux de prélèvement individuel, par le biais du compte-rendu mensuel de DSN. Ce taux sera utilisé par l'employeur pour calculer le montant du prélèvement à la source de l'impôt sur le revenu. En cas de modification, un nouveau taux sera communiqué, à appliquer dès la fiche de paie suivante. En cas d'un nouveau salarié et que l'entreprise n'a pas encore connaissance du taux de prélèvement, elle appliquera le taux neutre selon le barème des impôts.

En cas de changement de situation (variation de revenus, mariage, divorce, naissance d'un enfant...) le salarié aura la possibilité de demander une actualisation du taux en cours d'année. Pour ce type de démarche, son seul interlocuteur sera la Direction Générale des Finances Publiques (DGFiP).

L'employeur devra remplir trois nouvelles obligations envers l'administration fiscale et ses salariés :

•	Appliquer au salaire net imposable le taux transmis par l'administration fiscale. L'entreprise n'aura pas à gérer les réclamations du salarié sur le taux, l'interlocuteur pour ces questions reste la DGFiP.

•	Retenir la part imposable sur le salaire net à verser au titre du mois en cours. Il n'y aura pas d'application de taux rétroactif.

•	Reverser le mois suivant à la DGFiP le montant de la retenue à la source.

Les remboursements de trop perçus ou de soldes à payer seront directement gérés par la DGFiP, qui reste l'interlocuteur unique du salarié concernant les questions relatives à son imposition sur le revenu.

Les informations relatives au PAS sont couvertes par le secret professionnel.

Partie 13 : La déclaration sociale nominative (DSN)

La déclaration sociale nominative (DSN) est le moyen de transmission des données de son entreprise par voie électronique pour déclarer et payer ses cotisations aux organismes sociaux. Elle remplace dans la plupart des cas la déclaration annuelle des données sociales unifiée (DADS-U). Elle remplace également la déclaration obligatoire d'emploi de travailleurs handicapés (DOETH).

La DSN est un fichier mensuel produit à partir du logiciel de paie.

La DSN permet de déclarer et payer les cotisations sociales des salariés.

L'employeur remplit 2 types d'informations dans la DSN :

- Données concernant la paie du salarié

- Événements concernant les périodes d'activité du salarié : arrêt de travail, maladie, maternité, paternité, fin de contrat, etc.

Elle est transmise aux organismes sociaux et administrations concernés : CPAM, Urssaf, Agirc-Arrco, organismes complémentaires de santé, Pôle emploi, centre des impôts depuis janvier 2019, caisses des régimes spéciaux, etc.

La DSN remplace les anciennes déclarations périodiques : DADS-U et DOETH.

La DSN doit être transmise durant le mois suivant la période d'emploi, même si aucune rémunération n'est versée, tant que l'employeur n'a pas demandé la radiation de son compte auprès de l'URSSAF ou de la MSA (code de sec soc. Art R. 133-14).

La date diffère selon l'effectif de l'entreprise :

- Si l'entreprise emploie **moins de 50 salariés**, la DSN doit être faite au plus tard le 15 du mois qui suit la période de travail rémunérée.

- Si l'entreprise emploie **50 salariés et plus**, la DSN doit être faite au plus tard le 5 du mois qui suit la période de travail rémunérée.

La DSN est transmise mensuellement et le paiement des cotisations est mensuel. Et elle établit, notamment pour chaque salarié (code de la sec. Soc. Art. L. 133-5-3) :

- Le lieu de l'activité et les caractéristiques du contrat de travail ;
- Le montant des rémunérations, cotisations et contributions sociales, les exonérations de cotisations et la durée du travail retenus pour chaque mois ;
- Les dates du contrat de travail et les suspensions...
- Le cas échéant, une régularisation au titre des données inexactes ou incomplètes transmises au cours des mois précédents.

Partie 14 : Divers points complémentaires

Fin d'un contrat à durée déterminée (CDD)

La fin d'un CDD donne droit sous certaines conditions droit à une indemnité de fin de CDD, appelé aussi prime précarité (art. L 1243-8 du code du travail), qui est correspond à 10% de la rémunération total du salarié. Toutefois, ce pourcentage peut être limité à 6 % par une convention ou un accord collectif de branche étendu (ou par convention ou accord d'entreprise ou d'établissement). Dans ce cas, des contreparties doivent être offertes au salarié, notamment sous la forme d'un accès privilégié à la formation professionnelle (action de formation, bilan de compétences).

Rupture d'un CDD par l'employeur sans cause réelle et sérieuse

Selon le code du travail dans Article L1243-4, la rupture anticipée du contrat de travail à durée déterminée qui intervient à l'initiative de l'employeur, en dehors des cas de faute grave, de force majeure ou d'inaptitude constatée par le médecin du travail, ouvre droit pour le salarié à des dommages et intérêts d'un montant au moins égal aux rémunérations qu'il aurait perçues jusqu'au terme du contrat, sans préjudice de l'indemnité de fin de contrat prévue à l'article (L. 1243-8 du code du tra).

Rupture d'un CDD par l'employeur pour inaptitude du salarié

Comme pour un contrat à durée indéterminé, l'inaptitude d'un salarié peut être un motif de rupture d'un contrat de manière anticipée (article L1243-1 du code du tra). Tout en respectant les procédures de reclassement et les délais requis par la loi, le salarié aura droit à une indemnité de rupture de CDD pour inaptitude, le montant est au moins égal :

-   A celui de l'indemnité légale de licenciement

-   Soit au double de l'indemnité si l'inaptitude est d'origine professionnelle

L'indemnité de précarité est payée aussi.

Ancienneté à prendre pour le calcul de l'indemnité de licenciement

Pour le calcul de l'indemnité de licenciement, de rupture conventionnelle, de retraite..., il faut connaitre l'ancienneté du salarié, en principe c'est du début du contrat jusqu'à la fin du contrat de travail.

Dans le cas, des CDD successifs avant le CDI, il faudra les prendre en compte tant qu'il n'y a pas de coupure entre les contrats.

Exemple

Un CDD du 01/01/2005 au 30/06/2005

Un CDD du 01/08/2005 au 31/12/2005

Un CDD du 01/01/2006 au 31/12/2006

Un CDD di 01/01/2007 au 30/06/2007

Un Cdi du 01/07/2007 au 31/12/2020

Pour ce salarié, l'ancienneté à prendre en compte pour le calcul de l'indemnité est du 01/08/2005 au 31/12/2020.

Sachant qu'il y a des absences qui réduisent l'ancienneté, il faut se référer au cadre légal et conventionnel.

En refermant les pages de cet ouvrage, vous avez parcouru un voyage captivant à travers les méandres de la gestion de la paie. Des notions jadis complexes sont désormais familières, et vous êtes armé(e) d'une compréhension approfondie des fondamentaux qui sous-tendent ce domaine essentiel de toute entreprise.

La gestion de la paie, bien plus qu'une simple opération comptable, est un lien vital entre employeurs et employés. Elle reflète la promesse de rémunération pour le travail accompli, de prestations sociales garanties et de conformité légale. Votre nouvel ensemble de compétences vous permettra non seulement de calculer avec précision les salaires, mais aussi de naviguer avec assurance à travers les complexités des cotisations sociales, des déductions fiscales et des diverses obligations légales.

Rappelez-vous que la gestion de la paie évolue constamment. Les lois et réglementations sont sujettes à des changements fréquents, et les technologies de gestion de la paie évoluent pour répondre aux besoins en constante évolution des entreprises. Vous avez maintenant les bases nécessaires pour continuer à vous former et à vous adapter, restant ainsi compétent(e) dans un environnement en perpétuelle transformation.

Alors que vous poursuivez votre parcours dans le monde de la gestion de la paie, n'oubliez jamais l'importance de l'exactitude, de l'attention aux détails et de l'éthique professionnelle. Chaque chiffre que vous traiterez aura un impact sur la vie des individus qui comptent sur leur rémunération pour subvenir à leurs besoins.

Que vous choisissiez de devenir un gestionnaire de paie chevronné au sein d'une organisation ou de lancer votre propre entreprise de services de paie, les compétences que vous avez acquises sont inestimables. Continuez à apprendre, à grandir et à vous adapter, car la gestion de la paie restera toujours une discipline en constante évolution.

Printed in France by Amazon
Brétigny-sur-Orge, FR

14565720R00094